hito*yume book

授業で勝負する実践家たちへ

筑波大学附属小学校

二瓶弘行の「説明文一日講座」

これ一冊で説明文の授業がわかる!

文溪堂

まえがき

教室のすべての子どもたちに、確かな「言葉の力」をはぐくみたい。
そんな思いでこの本を手にとってくださったあなたへ。
二瓶弘行の説明文授業のコツを、わかりやすく具体的にお伝えします。
日々の国語教室での試行錯誤が凝縮された、
一冊まるごと説明文講座。
始業の時間です。

筑波大学附属小学校

二瓶弘行の「説明文一日講座」

もくじ

朝の会
何のために説明文を学ぶのか？

四月、わたしの受けもつクラスは六年に進級した。このクラス集団は、四年からのもち上がりである。

六年になって最初の説明文の授業。わたしは彼らを目の前にして問う。

「きみたちは、五年生までたくさんの説明文を勉強してきました。そしてこれからも勉強を続けていきます。きみたちは、何のために説明文の勉強をするのでしょうか？」

その問いは、国語教師としてのわたし自身に対する問いでもある。

「何を、どう教えるのか？」

説明文を通してどのような言葉の力を獲得させようとしているのか？

どんな力を身につけさせようとしているのか？

ここに一編の文章がある。東京書籍の一年国語教科書に掲載されている『いろいろなふね』という説明文。

いろいろなふね

ふねには、いろいろなものがあります。
きゃくせんは、たくさんの人をはこぶためのふねです。
このふねの中には、きゃくしつやしょくどうがあります。
人は、きゃくしつで休んだり、しょくどうでしょくじをしたりします。
フェリーボートは、たくさんの人とじどう車をいっしょにはこぶためのふねです。
このふねの中には、きゃくしつや車をとめておくところがあります。
人は、車をふねに入れてから、きゃくしつで休みます。
ぎょせんは、さかなをとるためのふねです。
このふねは、さかなのむれをみつけるきかいや、あみをつんでいます。
みつけたさかなをあみでとります。
しょうぼうていは、ふねの火じをけすためのふねです。
このふねは、ポンプやホースをつんでいます。
火じがあると、水やくすりをかけて、火をけします。
いろいろなふねが、それぞれのやく目にあうようにつくられています。

東京書籍『あたらしいこくご』平成十七年度　一年下「新しい国語」編集委員会　文

この説明文を学習材にして、十数時間の授業時数で、わたしたちはいったい、どんな「言葉の力」を子どもたちに獲得させればいいのか。

確かに、この説明文に書かれている内容を正確に読み取る力は必要である。だから、四種類の船を例に述べられている「船の役割とそのためのつくり」の内容を理解することを授業のねらいとする。そのために、ていねいに叙述を読み取っていく学習が中心となるだろう。

けれども、ただ、情報を正確に受け取る、それだけの読解学習を繰り返している授業は、誰もが否定するに違いない。いくら、「船の役割とそのためのつくり」をよくわかったとしても、子どもたちの「言葉の力」が向上したとはいえないからだ。極端な言い方をすれば、船のことを知らなくても、彼らの人生にはほとんど影響がない。

この『いろいろなふね』の学習をおえた子どもたちが、次に新たな説明文に出合ったとき、ここで学んだ読み方を駆使できてこそ、「言葉の力」を獲得したといえる。

そして、さらには、ほかの教材、ほかの領域でのあらゆる学習場面において出合う、説明的文章を自ら読み進める力「自力読みの力」こそ、国語教室ではぐくむ「言葉の力」なのだ。

わたしたちは『いろいろなふね』を教えるのではない。『いろいろなふね』で教えるのだ。

では、説明文の学習を通して、教師は子どもたちにどんな「言葉の力」をつけさせようとしているのだろうか？

わたしは説明文を学ぶことで、次の三つの力を身につけさせたいと願っている。

一つ目は、「筆者が伝えたいことを納得して受け取る力」。

説明文は必ず「何か伝えたいことがあって」書いている文章である。筆者が伝えたいこと、

伝えたい事実、伝えたい考えを説明している文章であり、その点で、日記や詩などとは性格が異なる。

説明文を通じて、筆者が伝えたい事実や考えを受け取る力を獲得させたい。それも、ただ受け取るのではなく「納得して」受け取る力を獲得させたい。筆者が伝えたいことを受け取る力は、「わかる力」と言い換えることができるかもしれない。

「納得して」受け取る＝「わかる」ためには正確に読むことが必要となってくる。

二つ目は、**「筆者の伝え方について、意見をもつ力」**だろう。この伝え方を学ぶ力も、正確に受け取る力があってこそ身につくものである。

三つ目は、**「筆者の伝えたいことについて、自分の意見・感想をもつ力」**。

筆者の考えを理解したうえで、自分はこう思う、という意見、感想をもつことが説明文を学ぶ究極の目的だろう。

もちろん説明文を通して身につけさせたい力は、学年によって段階があっていい。

低学年であれば一つ目の「筆者が伝えたいことを納得して受け取る力」を重視する。中学年であれば「筆者が伝えたいことを納得して受け取る力」に加えて「伝え方について、意見をもつ力」も身につけさせることを大切にしたい。

そして小学校最終学年の六年生には、それらに加えて「自分の意見・感想をもつ力」に重点化して、学習指導を展開していく。

説明文一日講座では、小学校六年間の説明文の授業を通じて、「言葉の力」をどんな「学習材」で、どんな「学習指導」で獲得させていくのかを考えていきたい。

一時間目
説明文のしくみを知ろう
学習材「いろいろなふね」

文章は文字の集まり

わたしは説明文の学習の最初には『いろいろなふね』（東京書籍　一年）をつかう。六年に進級してはじめての説明文の授業でも、全国の小学校で行う飛び込み授業であっても、説明文の最初の学習材は『いろいろなふね』だ。

Ａ４の紙に全文を載せたものを配布する。『いろいろなふね』に限らず、わたしが学習材として配布する際、説明文は、必ず一枚の紙にプリントする。説明文の理解には、全文が一度に見渡せるものでないと意味がないと考えるからだ。

いろいろなふね

❶ふねには、いろいろなものがあります。
❷きゃくせんは、たくさんの人をはこぶためのふねです。
❸このふねの中には、きゃくしつやしょくどうがあります。
❹人は、きゃくしつで休んだり、しょくどうでしょくじをしたりします。
❺フェリーボートは、たくさんの人とじどう車をいっしょにはこぶためのふねです。
❻このふねの中には、きゃくしつや車をとめておくところがあります。
❼人は、車をふねに入れてから、きゃくしつで休みます。
❽ぎょせんは、さかなをとるためのふねです。
❾このふねは、さかなのむれをみつけるきかいや、あみをつんでいます。
❿みつけたさかなをあみでとります。
⓫しょうぼうていは、ふねの火じをけすためのふねです。
⓬このふねは、ポンプやホースをつんでいます。
⓭火じがあると、水やくすりをかけて、火をけします。
⓮いろいろなふねが、それぞれのやく目にあうようにつくられています。

東京書籍『あたらしいこくご』平成十七年度　一年下「新しい国語」編集委員会　文

まずは説明文の美しいしくみに気づかせること。しくみが見えてくると、子どもたちの理解は急速に進む。

音読のあと、説明文のしくみを指導する。具体的には次のような授業展開になる。

はじめに、この説明文を細かくしていきましょう。この文章を細かく細かくしていくと何になりますか？

子どもたちが答える。

「ひらがなとカタカナ」

「漢字もあるよ」

そう、ひらがなとカタカナ。文字になりますね。

いくつの文字でできているのかな？

その問いに、「一、二、三、…」と律儀に数えはじめる子どもたち。

やめようやめよう。大変だから、やめておこう。説明文を細かく分けると、文字になります。文字はたくさんあるから、「ものすごくいっぱい」としておこうかな。

① 文字－ものすごくいっぱい。

文字が集まると何になるかな？

子どもたちから自信なさげな「言葉？」というつぶやきが聞こえる。

そう、文字が集まって「言葉」になるね。言葉はどれくらいあるかな？

これもたくさんあるね。文字が「ものすごくいっぱい」だったから、言葉は「すごくい

っぱい」にしておこうか。

②言葉―すごくいっぱい。

言葉が集まって文をつくる。これは「。」に目をつければ数えられるね。いくつあるかな？

「十四」

そうだね。十四だ。

③文―十四の文

文同士が集まって段落をつくる。段落はいくつになるかな？

「これも十四でいいのかなぁ」

そうだね。『いろいろなふね』は一段落が一文だから、全部で十四段落に分かれています。

④段落―十四段落（文の集まり＝形式段落）

段落が集まって文章になります。では文章はいくつですか？

「一つ！」

そう、一つの文章になります。

⑤文章―一つの文章

いいですか。文章は段落が集まってできています。段落は文が集まってできています。文は言葉が集まってできています。言葉は文字の集まり。こういうしくみでできています。説明文ではこの「段落」に目を向けて、筆者が何を伝えたいかを考えることが大切になってきます。

「序論」「本論」「結論」の用語は「はじめの大部屋」「説明の大部屋」「おわりの大部屋」に置き換える。これだけで子どもたちの意識のハードルが低くなる。

三つの大きな部屋

わたしの教室では「段落」を考えるときに「部屋」という言葉をつかっている。この部屋とは意味段落を指す、わたしの国語教室のオリジナル用語である。いくつかの段落が集まり、部屋をつくる。ここでの学習の重要なポイントは、説明文が複数の「部屋」から構成されていることを理解することである。説明文は大きく分けて三つの部屋から成り立っていると考えるとわかりやすい。

説明文は、「はじめ」・「説明」・「おわり」という三つの大きな部屋からできています。

説明しながら、わたしは黒板に、やおら家の形をかきはじめる。

文章全体を家のように考えてみましょう。
これを三つの大きな部屋に分けます。

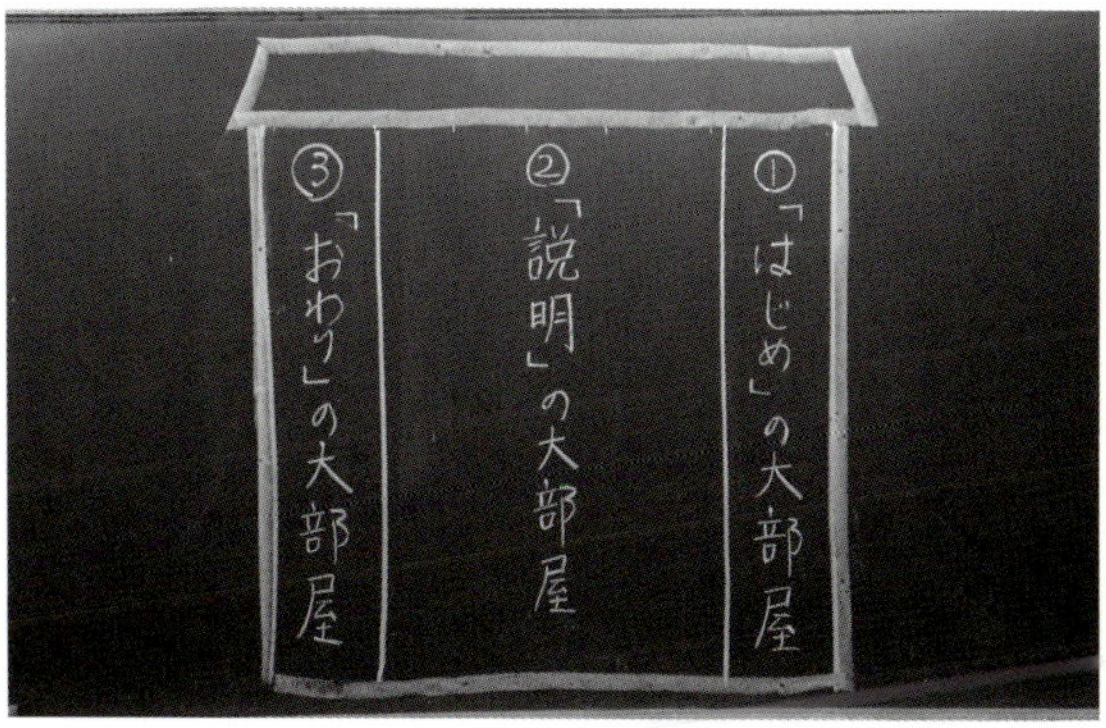

いちばんはじめが「はじめの大部屋」
そして後ろが「おわりの大部屋」
まん中のいちばん大きな部屋が「説明の大部屋」になります。

いま読んだこの文章を三つの部屋に分けてみましょう。

「はじめの大部屋」「説明の大部屋」「おわりの大部屋」。

なんでそういうふうに分けられたのか、理由も考えて分けていきます。三つの部屋に分けられたら、お隣とペアで意見交換をします。はい、どうぞ。


ここで、子どもたちが鉛筆を手に、あらためて真剣に文章を読みはじめる。

「はじめの大部屋」「説明の大部屋」「おわりの大部屋」は、専門用語でいえば「序論」「本論」「結論」になる。だが、「大部屋」という用語に置き換えることで、子どもたちの意識のハードルが低くなる。


「ここから説明がはじまるから…」

「だったら、おわりはここじゃないの？」

「あー、わたしもここで分かれると思った」

子どもたちは、隣の席の子とうれしそうに意見を交換している。

子どもの理解はゆっくりだ。わからなければ教えればいい。
忘れていたら思い出させればいい。
繰り返し繰り返し、少しずつ定着させていけばいい。

大部屋の性格

ひとしきり話が落ち着いたところで、子どもたちに投げかける。

みんな、三つの部屋に分けられたかな？

「はい！」

隣の席の子と意見交換を済ませている子どもたちは、一様に自信をもった顔でうなずく。

では、「はじめの大部屋」に入るのは？

「❶」

教室中から大きな答えが返る。

❶だって。いいかな？　❶だけでいいかな？　❷の文を読んでみようか。❷の文は「きゃくせんは～」と客船の説明に入っていますね。「はじめの大部屋」がどこまでか、を考えるときには、「説明の大部屋」がどこからはじまっているかを考えるといいんです。客船は、というように、具体的なものの名前が出はじめたら、そろそろ「説明の大部屋」かな？と考えるといいですね。では「はじめの大部屋」に入るのは❶だけでいいでしょうか？

大きくうなずく子どもたち。

では、「説明の大部屋」に入るのは？

ここでも教室中から手が挙がる。

「❷から⓭です」

どう？　みんな❷から⓭でいいかな？

「はい。いいです」

じゃあ、「おわりの大部屋」に入るのは？

「⓮！」

ここで、黒板の部屋分けに数字を書き込んでいく。

★「はじめの大部屋」──❶段落

「ふねには、いろいろなものがあります。」

★「説明の大部屋」──❷～⓭段落

★「おわりの大部屋」──⓮段落

「いろいろなふねが、それぞれのやく目にあうようにつくられています。」

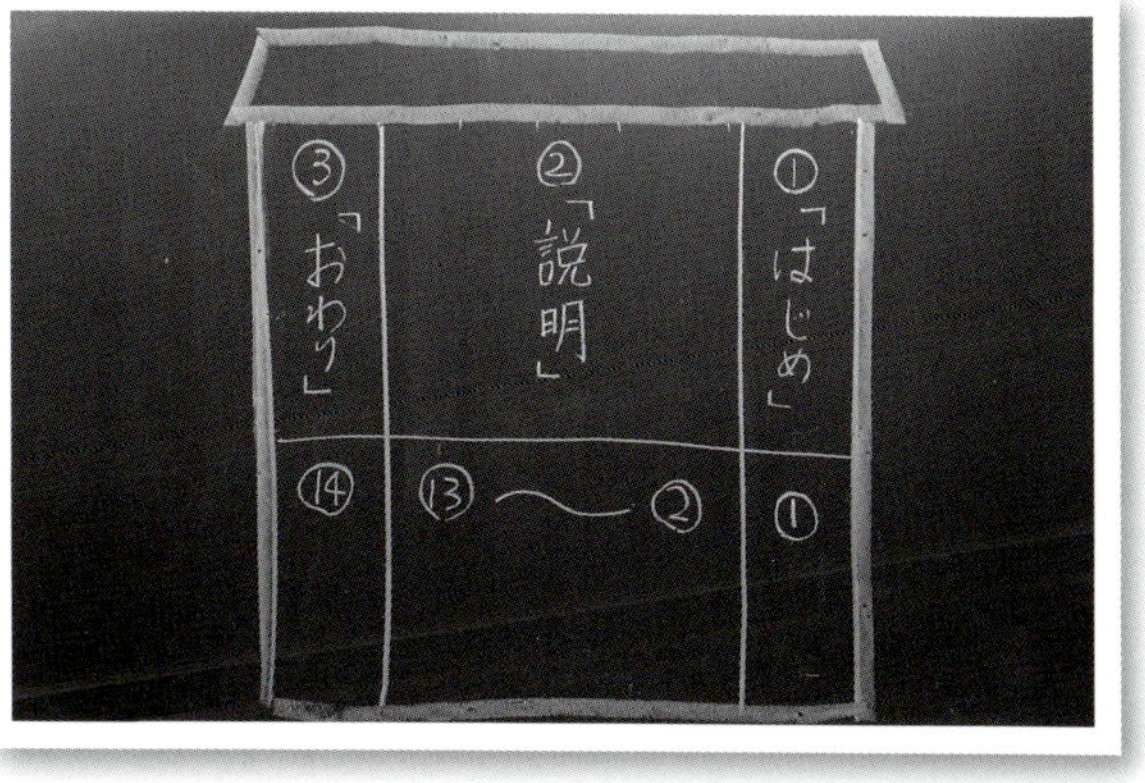

ごく単純な構成の説明文であるため、子どもたちはあまり苦慮しない。三年生、四年生段階でも、三つの大部屋に分けることはできる。ただ、この学習段階ではまだ形式的な読みにとどまっている。

そこで、新たな「自力読み」の段階を指導する。「大部屋の性格」の検討である。対象となるのは「はじめ」と「おわり」の大部屋。

三つの大部屋に分けられました。分け方はこれでいいかな？

みんな一様にうなずく。

では、分けた理由も話せるかな？

途端に話し声がやむ。

「はじめの大部屋」と「おわりの大部屋」の性格を知ろう！

「はじめ」と「おわり」の大部屋は、それぞれ次の三つの典型的な性格をもつことを指導し、この『いろいろなふね』の「はじめの大部屋」と「おわりの大部屋」がどの性格を有するのかの検討に入る。

分けた理由を考えるヒントとして、「はじめの大部屋」と「おわりの大部屋」の性格を考えておきます。

「はじめの大部屋」には性格が三つあります。

① 話題の提示
「はじめの大部屋」の性格

② 大きな問いの投げかけ
③ はじめのまとめ

まず、①の「話題の提示」。

提示っていうとむずかしく感じるかな？　説明したいこと、これから話したいことの話題を挙げて、説明に入っていく。詳しく述べたいことをきちんと示して、興味、関心を引くという性格だと考えるといいでしょう。

②の「大きな問いの投げかけ」、はどうだろう。「どうして〜なのでしょうか？」と、大きな問いを投げかける形。例えば、『温暖化が進むと白クマの数が激減するというのは本当だろうか』のように、大きな問いを投げかけて、説明に入っていく、ととらえてみましょう。

③の「はじめのまとめ」はどんな性格かわかるかな？

何人かの手が挙がる。

「はじめのまとめ、だから、はじめに結論をいうんだと思う」

うんうん、とうなずく子。首をかしげる子など、さまざま。

どうだろう。「はじめのまとめ」だから、結論をいうんだって。いいかな？　そうだね。はじめに結論に近いことをいってしまって、あとの説明でその結論を補っていくような形といえばわかりやすいかな。

例えば『このまま温暖化が進み北極圏の氷が溶け続けると、白クマの数が激減するといわれている。いまわたしたちにできることからエコ活動をスタートしたい』というように、はじめに結論に近いことをいってしまって、それを詳しくするために「説明の大部屋」が

あるという形。これが③の「はじめのまとめ」になる。

ここまでは、いいかな？　「はじめの大部屋」の三つの性格。わかったかな？

ここで、「はじめの大部屋」の性格を確認しておくことが大切である。板書をノートに書き写させて、理解の定着を促す。理解が足りない、と感じたときにはもう一度「はじめの大部屋」の性格について説明を行う。子どもの理解はゆっくりだ。だからといってあきらめてはいけない。わからなければ教えればいい。忘れていたら思い出させればいい。繰り返し繰り返し、少しずつ定着させていけばいいのだ。

では、「おわりの大部屋」の性格はどうだろう。ここにも大きな性格が三つあります。どうだろう。このうち一つでもわかるかな？

おそるおそる手が挙がる。

N奈「おわりのまとめ？」

そうだね。「おわりの大部屋」にはまとめが入りそうだね。はじめのまとめがあったから「おわりの」をつけたのかな？

うなずくN奈。

①おわりのまとめ

「はじめのまとめ」に目をつけて、「おわりのまとめ」を見つけたね。うまいうまい。

同じように、「はじめの大部屋」の性格に目をつけて「おわりの大部屋」の性格を考えてみよう。何か浮かんでこないかな？

ああ、と気づいたような表情が、クラスのあちこちに見られる。と同時にサーっと手が挙がる。

「大きな問いの答え」

② 大きな問いの答え

なるほど。大きな問いに対する答えがあるか。あとはどうかな?

「書いた人の意見が書いてあると思う」

そうだね。それも説明文の「おわりの大部屋」の大切な性格だね。最後に筆者の考えや読者へのメッセージが込められていることが多いね。

③ 筆者の考え・メッセージ

ここで、「おわりの大部屋」の性格を確認しておくことが大切である。板書をノートに書き写させて、理解の定着を促す。理解が足りない、と感じたときには、もう一度「おわりの大部屋」の性格について説明を行う。隣同士のペアで、互いに説明をし合ってみるのも手だ。音声言語として発することで考えがまとまっていく。相手に説明することで、自分の理解を確かなものにしていくことができるものだ。子どもの理解の速度に合わせて、歩調を緩めたり、速くしたりする。緩急をつけながら繰り返すことで、少しずつ定着させていけばいいのだ。

「はじめの大部屋」と「おわりの大部屋」の性格をおさえた上で、『いろいろなふね』の「はじめ」と「おわり」の大部屋の性格を考えることにする。

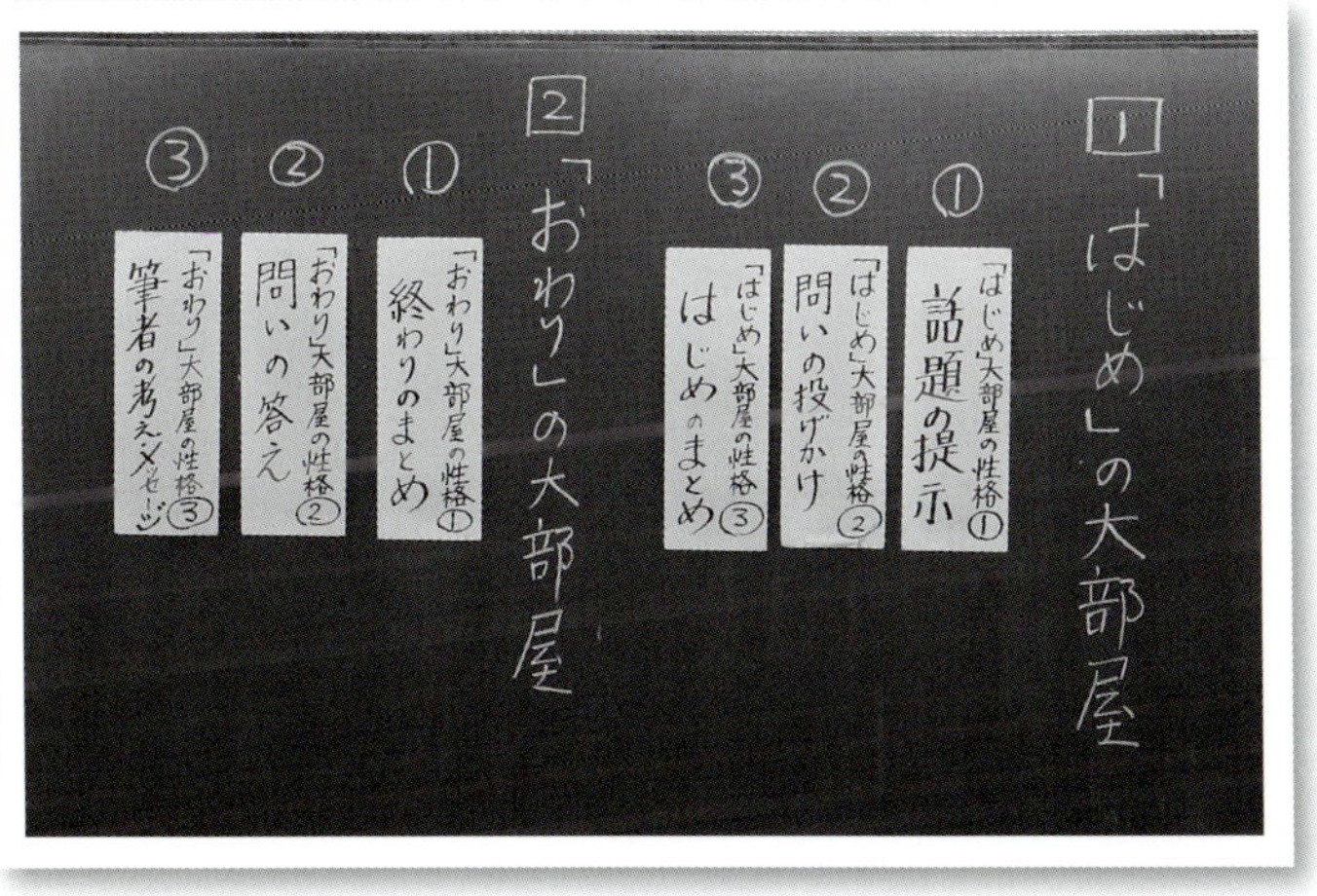

「はじめの大部屋」の性格をつかもう

　では、いまみんなで考えた「はじめの大部屋」の性格と「おわりの大部屋」の性格を頭において、もう一度『いろいろなふね』に戻ってみるよ。

　『いろいろなふね』の「はじめの大部屋」は❶段落でした。この段落の性格は、「はじめの大部屋」の三つの性格のうちのどれに当てはまる？

　クラスの半数くらいの手が挙がる。

　「①の性格だと思います」
　①っていうと、「話題の提示」でいいかな？
　うなずく子どもたち。数人が首をかしげている。

　いま、うんうんとうなずく子と、ちょっと首をかしげている子がいたんだけど、「あれっ」と思う人。「あれっ」と思う気持ちを説明できるかな？

　コクンとうなずくS子を指名する。

　「①の『話題の提示』もあると思うけど、③の『はじめのまとめ』ともいえると思う」

　意見を聞いて、うんうんとうなずく姿が見える。

　いいかい？　いまS子は「話題の提示」でもあるけれど「はじめのまとめ」ともいえるんじゃないかな？　と言ったよ。どうして「はじめのまとめ」と考えたか、説明できる人。

　数人の手が挙がる。

　「あのね～、『ふねにはいろいろなものがあります。』って、言い切っているでしょう？　それでSちゃんは『はじめのまとめ』じゃないか、って思ったんだと思う」

　なるほど。確かに「あります。」って、ズバッといっているよね。だから、「はじめのまとめ」

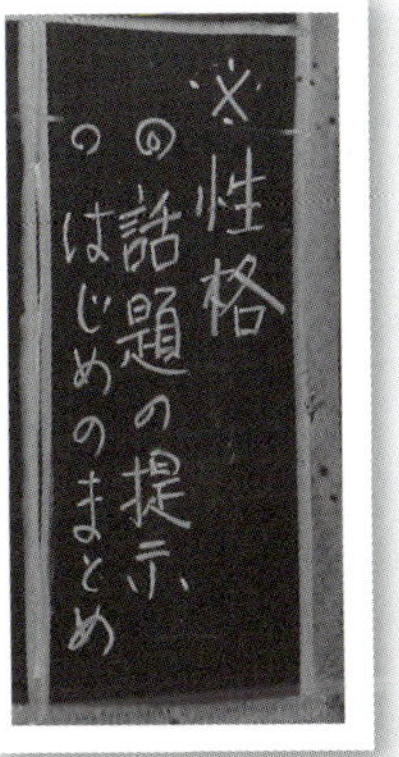

もあるんじゃないか…。どうだろう？　Sちゃんの気持ちわかるなぁっていう人どれくらいいるかな？

パラパラと手が挙がる。ホッとしたようなS子。

はい、わかった。そうだね。Sちゃんの言うように「はじめのまとめ」も入っているかもしれないね。

では、いろいろなふねの、「はじめの大部屋」の性格は、「話題の提示」の性格が強いけれど、「はじめのまとめ」の性格も含んでいるかもしれない。そういうことでいいですか？

一斉にうなずく子どもたち。納得の表情がみてとれる。

「はじめの大部屋」―❶段落

「ふねには、いろいろなものがあります。」

性格　①話題の提示　③はじめのまとめ

板書の際に「①話題の提示」を大きく書き、「③はじめのまとめ」もやや小さめながらつけ加えた。「はじめの大部屋」の性格は、「おわりの大部屋」や「説明の大部屋」の理解が進まないと決められないことも多い。したがって、「はじめの大部屋」の性格は一つに絞る必要はない。もしかしたら、この要素も入っているかもしれない、という意見はできる限り無視しないことが大事だ。子どもたちの発言を生かし、少数意見であっても、小さくても板書に生かす。そんなちょっとしたことで子どもの気持ちが変わることがある。

たとえ少数意見であっても、子どもの発言は取りこぼさない。
小さくても板書のスミであっても、発言は生かしておく。
そんな心づかいで、子どもの気持ちが前向きになる。

「おわりの大部屋」の性格をつかもう

では、「おわりの大部屋」を見てみよう。「おわりの大部屋」の性格は、先ほど三つ挙げました。なんだった？　おぼえているかな？

板書の文字を見ながら子どもたちが答える。

「①おわりのまとめ」
「②大きな問いの答え」
「③筆者の考え・読者へのメッセージ」

そうだね。この三つでした。では、『いろいろなふね』の「おわりの大部屋」の性格はこの三つのうちどれだと思いますか？　ちょっと隣とペアで話し合ってください。どうぞ。

わたしの授業では、「対話」活動を積極的に取り入れている。学級すべての子どもたちが主体的な意思をもって、話し合い、聞き合い、伝え合う学習空間をつくり出すためである。

一連の対話活動で、最も重視しているのが「ペア対話」である。ペア対話は文字通り、

「対話」活動のおおよその流れ

①話題把握―話し合う話題の確認。

②心内対話―話題にもとづき、自分の考えをつくる。ひとり読み。

③ペア対話―自分の考えを対面する仲間と伝え合う。

④全体対話―自分の考えをクラス全員と音声言語で交流する。

⑤個のまとめ―自分の考えをつくる。

隣の席の仲間と二人チームで行う。手を挙げて発言するのに抵抗を感じる子どもも、隣の子となら意見の交換がし合えることがある。手を挙げて発言することが苦手な子どものそばへ行き、いいことを言っていたり、つぶやいたりしていたら、すかさず発表させる。

子どもたちは、それまでのペア対話で自分の読みをひとりの仲間と交流してきた。今度は、三十九人の仲間と読みを交流するのである。自分の読みを話し伝える相手は、黒板の前に立つ教師だけではない。この教室でともに学び合うすべての仲間たち。そして、同時に、仲間一人ひとりの読みをしっかりと聞く。だから「対話」なのである。子どもは、話すことによって自分の漠然とした思いを徐々に明確にしていく。ペア対話はその貴重な過程だ。途中で言い直したり、言いよどんだり、言葉に詰まったりしながら話す過程こそが大切なのだ。

はい。そろそろいいですか。では三つのうちどれでしょう。手を挙げます。「①おわりのまとめ」だと思う人。

クラスのほぼ全員が自信をもって手を挙げる。まわりを見回し、うんうんと得心のいった顔がほころぶ。

おー、みんなが①の「おわりのまとめ」だと言ったね。どうかな？　さっきみんなが隣の子と話し合っているときに「このように」という言葉をつけるとすっとくる、と言っていた子が何人かいました。なるほど、最後の文の頭に「このように」をつけて読んでみよう。「このように、いろいろなふねが、それぞれのやく目にあうようにつくられています。」いいね。「このように」をつけると、まとめているな、という気持ちが伝わってくるね。

うんうん。

では、「おわりの大部屋」の性格は「おわりのまとめ」ということで、いいでしょうか?

大きくうなずく子どもたち。クラスに納得の表情が広がっていく。

「おわりの大部屋」―⑭段落

「いろいろなふねは、それぞれのやく目にあうようにつくられています。」

性格 ① おわりのまとめ

「はじめ」と「おわり」の大部屋の性格を検討することは、実は大きな意義がある。

説明文の読みの学習の第一の目標は、その説明文の筆者が、読者である自分に伝えたいことを納得して受け取る力を獲得することであると先に述べた。

さらに「伝え方を学び」、究極的には、その伝えたいこと(筆者の考え・認識・思想)に対する自分の意見・感想をもつことが、説明文を読む最終ゴール。

説明文は、その「まとめ」(伝えたいことの中心)がどの大部屋に述べられているかにより、大きく三つに分類できる。

①「頭括型」―「はじめの大部屋」に「まとめ」

②「尾括型」―「おわりの大部屋」に「まとめ」

③「双括型」―「はじめ」と「おわり」の大部屋の両方に「まとめ」

したがって、「はじめ」と「おわり」の大部屋の検討によって、特に「まとめ」がどこに述べられているかを把握することは、筆者の伝えたいことを受け取るために、きわめて重要な学習となるのである。

一時間目のまとめ

◆説明文は、「はじめ」「説明」「おわり」という三つの大きな部屋からできている。

◆「はじめ」「説明」「おわり」の大部屋は、専門用語で言えば「序論」「本論」「結論」。「大部屋」という用語に置き換えることで、子どもたちの意識のハードルが低くなる。

◆説明文を通して子どもに身につけさせたい力は、三つ。
「筆者が伝えたいことを納得して受け取る力」
「筆者の伝え方について、意見をもつ力」
「筆者の伝えたいことについて、自分の意見・感想をもつ力」

休み時間 教えて！にへいちゃん！

ペア対話のコツ

Q　二瓶先生がペア対話を指示すると、ものすごい勢いで隣の子と話していますね。うちのクラスで「お隣と意見交換しましょう」ともちかけても、二瓶先生のクラスのようにはできません。どうしたら、効果的な「対話」活動ができるようになるのでしょうか？

A　わたしのいまのクラスは四年から受けもっていて、三年目。四年でクラス替えをしたときから六年に進級した現在までペア対話を続けています。彼らは、わたしが「ペアで意見交換」と指示した途端、機関銃のように続けざまに会話を繰り広げます（笑）。

ただ、いまの彼らからは想像もつきませんが、四年ではじめて受けもった当時は、二人向き合って沈黙、という光景が見られました。

ペア対話をはじめたばかりの初期段階で、子どもたちに次のような「三つの条件」を出しました。

ペア対話の三つの条件

①話したいことを短く区切り、相手と交互に話す。全部続けて話しておわりとしない。

②あなたの話を確かに聞いているよと伝わる態度・反応を示しながら相手の話を聞く。

③おわりの合図があるまで、沈黙の時間をつくらない。

対話することにまだ慣れない子どもたちは、まず自分の話したいことを全部話してしまう。次に、もうひとりがまた全部話して、それで終了。これでは対話になりません。

そこで、話したいことを短く区切り、交互に話すことを指示します。ややもすると、積極的なひとりが話し、おわってしまう傾向を克服するためでもあります。四十人全員が、自分の思いを音声言語で伝えるために実際に話すという活動をすることが、このペア対話の最大のねらいなのですから。

ペア対話の活動中は、基本的にはいつも、目を話し手に向ける。そして、「わたしはあなたの話を聞いている」ことを態度で示すように指示します。態度で示す方法は具体的に指導します。例えば以下のような具合に。

○うなずく。首をかしげる。

○「なるほど」など短い言葉を返す。
○顔の表情で示す。同意できれば微笑む。
○異なる意見には首をかしげるなど。

対話の基本は、相手と話し伝え合うことにあります。対話相手が話しているときに、下を向いて聞くことは失礼だ。相手の目を見て「聞いているよ」という態度で聞きなさいと教えます。同時に、話す際には、聞く人の方をしっかりと見て話しなさいと指導します。なぜなら、相手はあなたの話を懸命に聞いてくれるのだから。その聞き手の反応を確かめながら話しなさいと教えます。

このペア対話をはじめたばかりのころは、なかなか対話が続きません。お互いに話すことがなくなり、黙って下を向いているペアの姿があちこちに見られます。

そこで、ペア対話の三つ目の条件「おわりの合図があるまで、沈黙の時間をつくらない」を徹底させます。ペア対話の時間中、二人で話し続けることを義務づけるのです。もう一度、最初から意見を言い直してもいい、同じことの繰り返しでもいい、とにかく沈黙しないことを最優先させるのです。

ペア対話のあと「全体対話」に入りますが、全体対話でも話す姿勢、聞く姿勢は徹底させます。

例えば、いちばん前の席に座った子どもが発言のチャンスを得たとします。その子は、椅子から立ち上がると、自然に体を後ろに向けます。聞いてくれる、たくさんの仲間に目を向けて話すために。

例えば、いちばん後ろの席に座った子どもが話しはじめる。すると、ほかの三十九人は、自然に顔を後ろに向けます。「あなたの話を聞いているよ」という態度を懸命に話す仲間に示すために。

授業では、しっかりまとまった考えがなければ発言できないという空気が生じがちです。だから、ノートに書いた意見を読むことが「発言」であるかのような事態になるのです。もっと、ぎくしゃくしながら話していいのです。ペア対話と同じように、三十九人の仲間に迷いながら悩みながら話せばいい。

だれもが話したくてたまらない。だれもが聞きたくてたまらない。そんな学習空間をつくるために、「対話」のもつ意義をもう一度考えていただきたいですね。

二時間目
説明の大部屋を検討しよう
学習材「いろいろなふね」

「説明の大部屋」を小部屋に分ける

子どもたちは『いろいろなふね』のまとめが、「おわりの大部屋」⓮段落にあることをとらえた。

いろいろなふねが、それぞれのやく目にあうようにつくられています。

けれども、この段階では、まだ『いろいろなふね』を読んだとはいえない。このまとめ（筆者が最も伝えたいことの中心）をとらえたとしても、まだ「納得して」受け取ったとはいえないからである。

筆者の伝えたい内容を確かに納得して受け取ってこそ、はじめて説明文を読んだことになる。納得するためには、本論にあたる「説明の大部屋」を詳しく読むことが必要になってくる。

子どもたちに指導する。

「はじめの大部屋」「おわりの大部屋」の性格がわかりました。今度は、いちばん大きな「説明の大部屋」を見ていきましょう。

「説明の大部屋」は、いくつかの小部屋からできています。そして、その小部屋には、それぞれ「部屋の名前」がついています。この『いろいろなふね』の「説明の大部屋」がいくつの小部屋からできているか、そして、それぞれにどんな名前がつけばいいかを考えていきましょう。

この「小部屋」は二瓶国語教室のオリジナルの用語であり、意味段落を指す。

形式段落の内容を読み取り、新たなまとまりをつくる段階が、この「大部屋を小部屋に分ける」という学習である。

その際、常に「部屋の名前」を意識させる。この「名前」は、意味段落の小見出しを考える学習でもあり、また、意味段落の要点を把握する学習にも直結する。

小部屋の内容を確認することであいまいな読みを徹底する。
なんとなく分けて、なんとなくわかるのではなく、
大きく説明文のしくみをとらえることで読む力がついてくる。

部屋の名前を考えながら、小部屋に分けてみましょう。分けられたら、お隣とペアで意見交換します。さあ、どうぞ。

「はじめは『きゃくせん』のことを説明してるよね。❷❸❹は、みんな客船の話だから一緒にしていいんじゃない？」

「❺❻❼はフェリーボートで、そのあとが漁船？」

「そうだよね。最後に出てくるのが消防艇だから、四つでいいんじゃないの？」

「わたしもそう思う。大丈夫だよ。合ってる！　合ってる！」

そろそろいいかな、では小部屋はいくつに分かれていますか？

「四つ」

お隣とペア対話をして、自信がついているため、クラス中から大きな声が響く。

そうだね。四つでいいね。

では、一つ目の小部屋はどこからどこまでかな？

「❷から❹」

これも大きな声である。

「❷から❹が同じ小部屋に入るんだって。それでいいかな？
あらためて問うと、急にうつむく子が出てくる。
よし、❷から❹が一緒の小部屋に入るか、見てみようか。❷は「きゃくせんは、たくさんの人をはこぶためのふねです。」と、たしかに「客船」のことをいっているね。
子どもたちが大きくうなずく。
❸も客船のことをいっているの？
大きくうなずき、何か言いたげなC太を指名する。

「『このふねの中には、きゃくしつやしょくどうがあります。』って書いてあるでしょ。『このふね』の『この』は、前の文の『客船』を指しているんだから、❸も客船の説明だよ」

C太の説明に子どもたち、納得の顔でうなずく。

なるほど。じゃあ❹の「きゃくしつ」というのも前の文の客室と同じとみていいかな？

うんうんとうなずく子どもたち。

スッと手を挙げたH美が発言する。

「❹の客室というのは、『この客室』と言い換えてもいいと思うけど…」

なるほど。確かにH美の言うように「この客室」と言い換えるとすっきりするね。ここまでは、客船のことだね。❺からはフェリーボートの話がはじまっているから、確かに❷から❹は一緒の小部屋に入れるというのは良さそうだね。

小部屋1　❷〜❹段落

あいまいな読みを徹底するために、それぞれの小部屋の内容を確認することが大切になってくる。なんとなく分けて、なんとなくわかるのではなく、大きく説明文のしくみをとらえることで読む力がついてくるのだ。

授業では、しっかりとまとまった考えがなければ発言できない、という空気が流れがちだ。もっとぎくしゃくしながら話していい。迷いながら、悩みながら話せばいい。

❷段落から客船の説明をしていること。❸段落「このふね」とは、客船をさすこと。❹段落の「きゃくしつ」は、❸段落を受けて「この客室」ととらえられること。そして、❺段落からはフェリーボートの説明に移っていること。だから、❷❸❹の三つの段落で一つの小部屋をつくっていることを押さえさせる。

説明文の部屋の役割を考える際に、「指示語」（さらには「接続語」）の役割を考えることの重要性を合わせて指導することが大切である。

同じように考えてみよう。その後、発表してもらうよ。二つ目の小部屋を説明できるかな？

一つ目の小部屋の確認をしておくと、理解が進み、多くの手が挙がる。

「二つ目の小部屋は、❺～❼です」

どうかな？

大きくうなずく子どもたち。

❺はフェリーボートの説明だね。❻は？

「はい。一つ目の小部屋と同じで、『このふね』の『この』は前の段落のフェリーボートを

指しているでしょ。⑦のふねも『このふね』って言い換えられるから、⑤⑥⑦が一緒の小部屋だってわかる」

小部屋２　⑤〜⑦段落

では、三つ目は？

勢いよく挙がる手に交じって、ソロソロと挙がるいくつかの手。その中に、先ほど急にうつむいたF美を見つけ、すかさず指名する。

F美「⑧から⑩？」

ちょっと不安げに語尾をあげていうF美。クラスのみんながうなずくのを見ると、F美のほおが緩む。

小部屋３　⑧〜⑩段落

四つ目の部屋は？

今度はF美も勢いよく手を挙げている。

A雄「⑪から⑬です」

小部屋４　⑪〜⑬段落

多くの子どもたちは抵抗なくすぐに四つの小部屋に分けた。

○小部屋１　②〜④段落
○小部屋２　⑤〜⑦段落
○小部屋３　⑧〜⑩段落
○小部屋４　⑪〜⑬段落

新しい学習指導要領では、中学年「読むこと」の指導事項に「中心となる語や文をとらえて段落相互の関係を考え、文章を読むこと」を挙げている。「小部屋の名前つけ」は、説明文の自力読みの力を獲得させる。

「小部屋」の名前を考える意味

小部屋に分けることができたら、今度は小部屋に名前をつけていく。まずは子どもたちに「部屋の名前」を考えることの意味を説明する。

「説明の大部屋」を四つの小部屋に分けることができました。部屋には必ず名前があります。今度は、小部屋の名前を考えてみましょう。

みんなが家族で旅行するとき、日本旅館に泊まったことがあるでしょう。ホテルの部屋は二〇三号室というように数字で部屋を呼びます。けれども日本旅館は「朝顔」とか「富士山」とか、それぞれに名前がつけられています。その名前もバラバラではありません。「朝顔」の隣だったら「すみれ」や「りんどう」のように、関連を考えて花の名前で統一しています。

この日本旅館と同じように、小部屋には名前があります。その名前を自分でつけられたときに、はじめて小部屋になるのです。

続けて、小部屋の名前を考える際の三つの重要なポイントを指導する。実際の指導は次のようになる。

第一のポイントは、まず「きょうだい」の名前のように名づけること。

日本旅館の部屋の名前を「朝顔」「すみれ」というように、関連づけてつけるのと同じように、「きょうだい」の名前は、何らかの関連をつけて名づけるでしょう？　例えば三人兄弟だったら、一郎、二郎、三郎とか、浩介、健介、悠介というようになんとなく似ている名前になっているよね。小部屋の名前をつけるときも「きょうだい」の名前を考えるようにしてつけるといい。『いろいろなふね』の説明の大部屋にある四つの小部屋の名前も「きょうだい」の名前のように関連づけて考えてみましょう。

第二のポイントは「大切な言葉」を読み落とさない、ということ。

これは、それぞれの小部屋に書かれている言葉の中で、「大切な言葉」を探すことです。例えば、その説明文の題名に関連する言葉には、大切な言葉が多い。前にもいったように、説明文は筆者が伝えたくてたまらないという思いを込めて書いた文章です。ですから伝えたくてたまらないという思いが、題名に込められていることが多いからです。

それから、文章中に繰り返して出てくる言葉を読み落とさないことです。そして、それらの「大切な言葉」が小部屋の名前に使えないかどうかを考えてみることです。

第三のポイントは、まとめが書かれている「大部屋」の内容を大切にすること。

いまは「説明の大部屋」の学習をしていますが、ほかの大部屋、とくに「まとめ」が書かれている「おわりの大部屋」の内容を大切にして、小部屋の名前を考えることです。

「小部屋」の名前を考える三つのポイント

①「きょうだい」の名前のように

「きょうだい」の名前は、親は何らかの関連をつけて考えている。小部屋の名前も「きょうだい」のようにつながりを意識すること。

②大切な言葉を読み落とさないで

それぞれの小部屋に書かれている言葉の中で「大切な言葉」を探すこと。例えば、その説明文の題名に関する言葉、文章中に繰り返して反復される言葉を読み落とさないこと。そして、それらの「大切な言葉」が小部屋の名前につかえないかを考えてみること。

③「おわりの大部屋」の内容を大切に

「説明の大部屋」の学習をする際にも、「おわりの大部屋」に書かれているまとめを大事にすること。また、「はじめの大部屋」の説明が「はじめのまとめ」の場合には、そこに書かれているまとめも大切にして、小部屋の名前を考えること。

「小部屋」の名前を考える

この三つの名前つけのポイントをもとに、小部屋の名前を考える作業に入る。

小部屋1はなんという部屋にすればいいかな?

「きゃくせん」

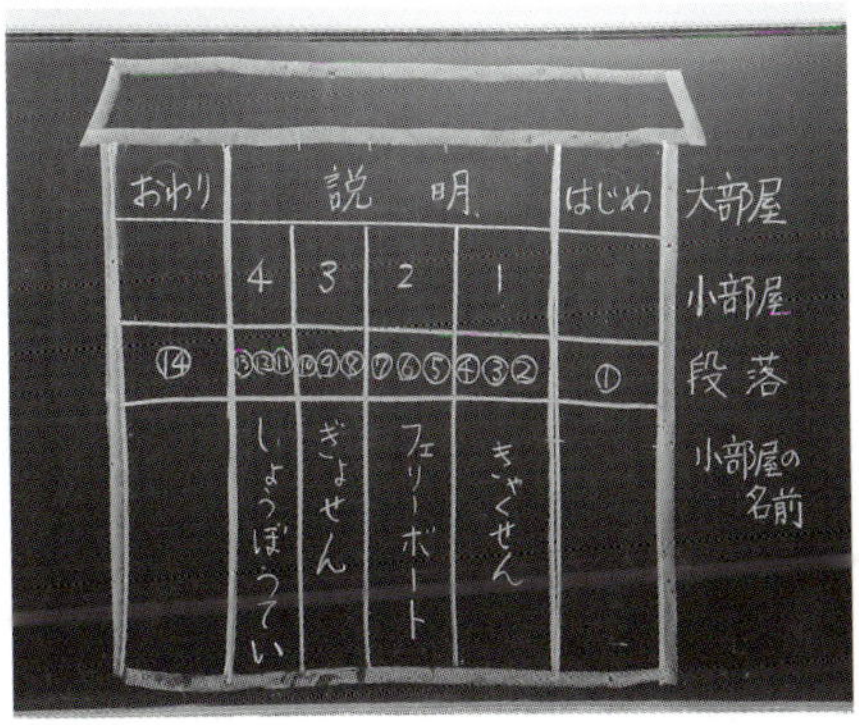

なるほど。きゃくせんについて書かれていたよね。たしかに「きゃくせん」でよさそうだ。

小部屋1　きゃくせん

それでは小部屋2は？

「フェリーボート」

そうだね。

小部屋2　フェリーボート

つづいて小部屋3は「ぎょせん」、小部屋4は「しょうぼうてい」と名づけることができた。

小部屋3　ぎょせん

小部屋4　しょうぼうてい

どうだろう。

「みんな船の名前だし、『きょうだい』のような名前だからいいと思う」

「それぞれの小部屋の『大切な言葉』になっているからいいと思います」

そうだね。確かに「きょうだい」のような名前で、小部屋ごとの「大切な言葉」にもなっているから、小部屋の名前としてよさそうだね。

「小部屋」の名前を長くする

低学年段階では、このような意味段落（小部屋）の小見出し（小部屋の名前）を考えるレベルで十分な学習である。ただし、中学年から高学年の学習の場合は、さらなる指示を

加える。

みんなは、一つの言葉（単語）で名前をつけました。もう少し、言葉をつけ加えて、名前を長くすることはできないかな？　名前つけの三つ目のポイント「おわりの大部屋の内容を大切に」を頭において、もう一度考えてごらん。

子どもたちは、ここでもう一度文章全体を読み直すことになる。

「おわりの大部屋」に書かれていることを参考にして考えてみよう。隣の人とちょっと話し合います。どうぞ。

「『おわりの大部屋』の言葉ってなんだろう」

「『いろいろなふねが、それぞれのやく目にあうようにつくられています。』って書いてあるでしょ。『それぞれの役目』というところがポイントなんじゃないの？」

「あっ、そうだよ。役目を見ればいいんじゃない？」

みんな、どうかな？　いま、いろんなグループの話の中に「それぞれの役目」「役目」という言葉に注目している人がたくさんいるよ。なんだか、役目という言葉が大切みたいだね。この「役目」がそれぞれの小部屋でどのように説明されているかを見直してみよう。何か気づいた人はいるかな？

「わかった！」

「四つの小部屋の第一段落目が、みんな『〜するため』になっている」

「おー」

「ほんとだ！」

そうかな、一緒に見ていこうか。

小部屋１は「たくさんの人をはこぶためのふねです。」なるほど、「はこぶため」となっているね。

「小部屋２もなってるよ。『たくさんの人とじどう車をいっしょにはこぶためのふねです。』って」

なるほど。

「小部屋３は『さかなをとるためのふねです。』って、これも『〜するため』になっているよ」

「ほんとだ」

「小部屋４も同じだよ。『ふねの火じをけすためのふねです。』になっている！」

「それじゃあ、小部屋の名前に『役目』をつければいいんじゃない？」

「『客船の役目』『フェリーボートの役目』『漁船の役目』『消防艇の役目』にすればそろうよ」


納得した子どもたちに、さらにわたしが問う。

それぞれの小部屋の一つ目の段落が「船の役目」の説明だということがわかったね。では、二段落目と三段落目は何の説明をしているの？

彼らは、ここでまた文章に立ち返る。

「船の役目と何だろう」

「船の様子が書いてあるよね」

「船に積んであるものが書かれているよ」

「おわりの大部屋に『やく目にあうようにつくられています』って書いてあるでしょ。だから、合うようにっていうところが説明されていると思う」

それまで黙っていたU香が口を開く。

「『役目に合うつくり』じゃない？」

的を射たU香の発言に子どもたちの声がにわかに大きくなる。

「そうだよ。『船の役目とそれに合うつくり』ってことじゃない？」

「そうだ。そうだ！」

「おわりの大部屋」の「あうようにつくられています」の表現から、「船の役目と、それに合うつくり」という名前を引き出した。

「客船の役目とそれに合うつくり」

「フェリーボートの役目とそれに合うつくり」

「漁船の役目とそれに合うつくり」

「消防艇の役目とそれに合うつくり」

新しい学習指導要領は、中学年「読むこと」の指導事項に、説明的文章の読みの力として、「中心となる語や文をとらえて段落相互の関係を考え、文章を読むこと」を挙げている。

「小部屋の名前つけ」は、まさしく説明文の自力読みの力を子どもたちに獲得させる。

説明文の美しいしくみ

小部屋の名前をつけおわったところで、板書にまとめる。

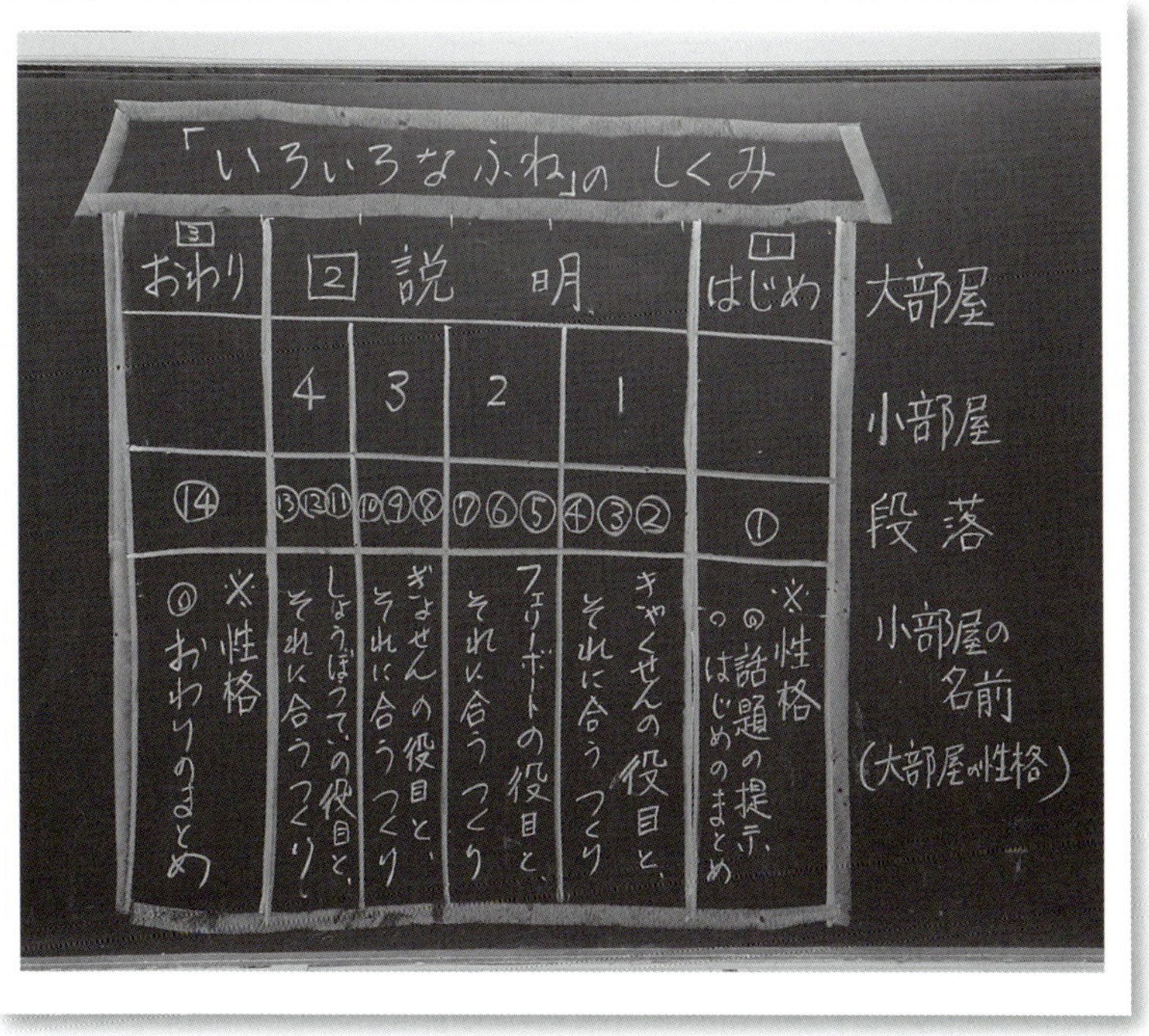

「きれいに分かれたね」

「すっきりしてる」

「わかりやすく書かれているんだね」

子どもたちのつぶやきを待って、次のように話す。

『いろいろなふね』が、美しいしくみで書かれていることがわかりました。

どの説明文にも、その文章を書いた筆者がいます。筆者は、自分の伝えたい事実や考えを読者にわかってもらうために、さまざまな工夫をしながら文章を書きます。

その最も重要な工夫が、「美しいしくみ」です。つまり、優れた説明文はどれも「美しいしくみ」をもっているということ。

だから、ちょっと見て、難しそうな説明文でも、読むことを恐れてはいけません。どんな説明文にも筆者がいて、筆者は読者であるあなたにわかってもらいたくて、わかってもらうために「美しいしくみ」を考えながら書いているはずなのですから。

説明文の「美しいしくみ」に気づいた子どもたち。その満足そうな姿に触れるとき、それは、われわれ教師にとって、まさしく至福のときである。

小部屋の一文要約と文章全体の要約

子どもたちは、『いろいろなふね』を学習材に、さらに、自力読みの力を獲得していく。

まずは、小部屋の一文要約。小部屋の内容を、重要な言葉を落とさず、一文で短くまとめること（一文要約）は、中学年段階の重要な自力読みの力である。
この一文要約のもとになるのが、「小部屋の名前」である。先に述べた、ひとつの単語レベルの名前から、重要な言葉をつけ加えて名前を長くしていく学びが、「小部屋の一文要約」（意味段落の要約）に直結していく。
『いろいろなふね』のような単純な説明文は、長い名前をつけることが一文要約そのものになる。

黒板に「小部屋の一文要約」と書きながら、子どもたちに指示する。

こんどは、小部屋の一文要約をしてみましょう。

教室のあちこちに、戸惑ったような顔が見られる。そこで、さらに言葉を重ねる。

きみたちは小部屋に名前をつけることができました。この名前をもとに考えてみましょう。

○ 小部屋1の「名前」 客船の役目とそれに合うつくり

客船の役目ってなんだろう。
「たくさんの人を運ぶ役目」
そうだね。たくさんの人を運ぶ役目。ではそれに合うつくりって何？

「客室や食堂がある…」

そうだね。たくさんの人を運ぶ役目のため、客室や食堂があるんだね。よーし。これで一文要約はできた。

○小部屋1の「一文要約」

客船は、たくさんの人を運ぶ役目のため、客室や食堂がある。

子どもたちから「なあんだ。かんたんだぁ」という安どの声がもれる。

小部屋の名前をもとにすれば書けるね。では、ノートにまとめてみよう。

このような「小部屋の一文要約」を四つの小部屋で同様に試みることによって、文章全体の要約も可能になっていく。

	小部屋の名前	小部屋の一文要約
小部屋1	客船の役目とそれに合うつくり	客船は、たくさんの人を運ぶ役目のため、客室や食堂がある。
小部屋2	フェリーボートの役目とそれに合うつくり	フェリーボートは、たくさんの人と自動車を一緒に運ぶ役目のため、客室や自動車を止めておくところがある。
小部屋3	漁船の役目とそれに合うつくり	漁船は、魚をとる役目のため、魚の群れを見つける機械や網を積んでいる。
小部屋4	消防艇の役目とそれに合うつくり	消防艇は、船の火事を消す役目のため、ポンプやホースを積んでいる。

いいね。みんな書けたね。

じゃあ、これに「はじめの大部屋」と「おわりの大部屋」の一文要約をつけ加えたら、文章全体の要約文が完成するんじゃないかな？　「はじめの大部屋」の一文要約は？

「船にはいろいろなものがある。」

どうかな？　いいかな？　よさそうだね。

○船にはいろいろなものがある。

では、「おわりの大部屋」の一文要約はどうだろう。

「いろいろな船がそれぞれの役目に合うようにつくられている。」

いいね。

○いろいろな船がそれぞれの役目に合うようにつくられている。

これで文章全体の要約ができた。

説明文「いろいろなふね」の要約文

○船にはいろいろなものがある。
○客船は、たくさんの人を運ぶ役目のため、客室や食堂がある。
○フェリーボートは、たくさんの人と自動車を一緒に運ぶ役目のため、客室や自動車を止めておくところがある。
○漁船は、魚をとる役目のため、魚の群れを見つける機械や網を積んでいる。
○消防艇は、船の火事を消す役目のため、ポンプやホースを積んでいる。
○いろいろな船がそれぞれの役目に合うようにつくられている。

小部屋の並び方～本論の展開のしかた～

いまひとつ、子どもたちに獲得させるべき、重要な説明文の自力読みの力がある。「小部屋の並び方」、すなわち、本論の展開のしかたである。

『いろいろなふね』は、四つの小部屋が「①客船②フェリーボート③漁船④消防艇」の順

番で並んでいる。

筆者は、なぜ、この順番に小部屋を並べたか。その理由を授業の最後に考えさせたい。

これまで、『いろいろなふね』の読みを通して説明文の「美しいしくみ」を学習してきました。

まず、三つの「大部屋」から文章全体を大きくとらえてみました。そして、「はじめ」と「おわり」の大部屋の性格を考え、とくに「まとめ」の性格がどこにあるのかを押さえました。

次に、「説明の大部屋」を「小部屋」に分けました。さらに「小部屋」の名前を考えました。小部屋の名前を考えるときには、「小部屋」同士の関連を意識し、また「おわりの大部屋」の内容も大切にしながら名前を考えてきました。

そして、きみたちは、説明文の「美しいしくみ」を知ることができました。

段落の一文要約もできあがりました。

ところで、この小部屋の並び方を見て何か気づくことはないかな?

『いろいろなふね』は、四つの小部屋が「①客船②フェリーボート③漁船④消防艇」の順番で並んでいるよね。

筆者は、なぜ、この順番に小部屋を並べたんだろう。意見のある人いるかな?

「はい。客船はみんなが知っている船だから、最初にしたんだと思う」

なるほど。客船はみんなが知っているから、最初にしたんだって。どう?　みんなってだれのことだろう。

「あー。一年生!」

そうだね。この文章は一年生の教科書にのっている文章だから、読む人は一年生だ。じ

ゃあ、消防艇をいちばん最初にしたら、どうかな？

「消防艇って一年生は知らないよね」

「わたしも知らない。名前は知ってるけど、見たことはないよ」

「もしも消防艇から説明をはじめたとしたら、わかりにくいものになってしまうと思うな」

「だから、一年生にもわかりやすい客船の説明をして、次にちょっと知ってそうなフェリーボートにして、漁船もなんとなくわかりそうだからその次にして…」

「消防艇は知らない人がほとんどだけど、きっとそうだろうな？って、四番目になったら想像できるもんね」

お、いまいいことを言ってたぞ。知っているものから順番に説明していけば、知らないことでも想像ができる、って言ったね。その通りです。

一年生にとって理解のしやすい「客船」から説明をはじめて、乗ったことや見たことはなくても想像できる「フェリーボート」「漁船」ときて、最後に特殊な船である「消防艇」について説明しているんだね。


こうして、筆者が、まず「客船」を挙げたのは、それが読者の身近な例であるからだと子どもたちは気づく。そして「一般から特殊へ」という論の展開のしかたの基本を学ぶ。

読者の身近な例から理解しにくいものへ進めて書いていています。ここにも筆者の「伝えたい。わかってほしい」という気持ちが表れているんですね。

小部屋の並べ方も説明文の美しいしくみを支えている。

二時間目のまとめ

◆筆者の伝えたい内容を確かに納得して受け取るためには、本論にあたる「説明の大部屋」を詳しく読むことが必要。

◆小部屋の名前を考える際の重要なポイント

①「きょうだい」の名前のように

②大切な言葉を読み落とさないで

③「おわりの大部屋」の内容を大切に

◆「小部屋の名前つけ」は、説明文の自力読みの力を子どもたちに獲得させる。

◆小部屋の並び方〜本論の展開のしかた〜を理解することで読みが深まる。

休み時間

教えて！にへいちゃん！

音読指導のコツ

Q 二瓶先生の授業では子どもたちの生き生きとした音読が印象的です。うちのクラスで読ませると、読めっていわれるからしかたなく読んでいるという雰囲気で、見るからに嫌そうに、読んでいるのがわかります。

まず授業の導入から空気がドヨーンとしてしまうのですが…。なにか効果的な音読のしかた、子どもを乗せる方法とか、ないでしょうか？

A 音読する力は、あらゆる言語活動の基礎となるきわめて重要な「言葉の力」です。音声表現力のみならず、文学作品や説明的文章の読解においても欠かせない必須能力です。

では、いかに音読する力をはぐくむか。

まずは、明瞭な発声を身につけさせること。子どもたちには、「しっかり口を開け、しっかり口を閉めて、言葉の一つひとつを声に出す」ように指示します。五〇音の発声練習を大きな声で繰り返すことも効果的です。

次に、「つっかえないで正確に」音読することを重視します。一字一句も間違えないで、書いてある通りにスラスラ読み続けることも目標とさせ、繰り返し練習します。

「つっかえないで正確に」文章を読むことのできる学習集団をつくること、それがすべての国語学習のはじまりです。

「明瞭な発声で、つっかえないで正確に」音読する力を育成するためには、繰り返し音読する場を設定してあげることです。ただその際、「四回音読しなさい」と指示するだけでは、子どもは飽きます。また教師の側も、どの子がどのくらいの速さで音読できているのか、実際には把握できません。そこで、次のように指導します。

これから、この文章の最初から最後まで四回音読します。一回目は、椅子に座ったままの姿勢で音読します。二回目は、机の横に立った姿勢で音読します。三回目は、椅子の上に立

って音読します。四回目は、またもとに戻り、椅子に座って音読します。

たったこれだけのことで、子どもたちの音読する意欲が違ってきます。ちなみに、わたしの国語教室では、五回目は「机の上に立って読む」を取り入れていますが、しつけのこともあり、あまりお勧めできません（笑）。ですが、子どもたちはとても燃えますよ。

可能な限り速く読む「速読」も、大切な音読する力です。一字一句、聞いて判別できることを唯一のルールにして、できるだけ速く読むことを目標にします。ゲーム感覚でタイムを競い合うというのも子どもは乗ってきます。

二人ペアになり、相手の音読を聞き、読み間違いがあったら、即座に指摘する、正確さに焦点をあてた音読も盛り上がります。どれだけの長文を読めるかを競い合うのです。

音読はあらゆる言語活動の基礎となる活動です。さまざまな工夫をし、音読そのものをたくさん経験させることが重要です。

音読することの楽しさ、気持ちよさを感じることができれば、音読がもっとうまくなる。うまくなればまた読みたくなります。ゲーム的な要素を取り入れるとか、クラスの実態に合った方法で、ぜひ子どもたちを乗せてください。

三時間目 説明文の美しいしくみを確認しよう

学習材「草花のひみつ（二） 草花遊び」

草花のひみつ（二） 草花遊び

熊谷《くまがい》 清司《せいじ》

❶ 日本は、四季の変化のある、美しい自然にめぐまれています。昔から、子どもたちは、その自然を何より親しい遊び相手としてきました。

❷ 草花遊びは、自然を友とする子どもたちが、長い年月をかけて、一つ一つくふうをこらし、愛情《あいじょう》をこめて育てあげた野の遊びです。それは、なかまからなかまへと伝えられ、また、親から子へ、子から孫へと受けつがれてきました。

❸ササは、初夏の日ざしを受けて、あざやかなわか葉を広げます。小川の流れにかろやかにうかぶ緑の小ぶね、ササぶねは、この葉の細長い形やたてにさけやすい性質《せいしつ》を、上手に生かしたものです。葉うら一面に生えたうぶ毛が、水をはじく性質のあることも、子どもたちは遊びを通して知っていました。

❹ササの葉をくるくるまいただけで笛ができます。何まいも葉をまいてつないだササ笛は、まるでラッパのような大きい音を出します。口にふくんだササの葉が、さわやかな季節のかおりを伝えてくれます。

❺初夏の野道をかざる花は、水玉もようのシロツメクサです。その長い花茎《かけい》を編《あ》んで、首かざりやかんむりを作るのも楽しい野の遊びです。あまい花のにおいに包まれて、しなやかな緑のくきを編み進める耳もとへ、ミツバチのかすかな羽音もひびいてきます。

❻オオバコは、人がふみつける道ばたなどに生える雑草《ざっそう》です。じみな穂花《ほばな》をつけた長いくきは、すもうごっこに使われます。二本のくきを、たがいにからめて引き合い、相手のくきを切り負かす、スリルのある遊びです。力いっぱい引っぱっても、オオバコのくきは、なかなか切れません。それは、ふまれてもふまれても、なおたくましく生きる、雑草の生命力です。

❼そのほか、身近な四季の植物を上手に使い分けた、おどろくほどたくさんの草花遊びが、今に伝えられています。

❽日本の子どもたちは、それらの遊びを通して、四季の変化と美しい自然にじかにふれ、すこやかな心と体を育ててきました。また、野の草花と遊びながら、自然の仕組みを深く学び、大地の豊《ゆた》かさに感謝《かんしゃ》する、心のやさしさを身につけてきたのです。

東京書籍「新しい国語」平成四年度　四年上

美しいしくみは存在するか？

これまで、『いろいろなふね』の読みを通して説明文の「美しいしくみ」を学習してきた。まず、三つの「大部屋」から文章全体を大きくとらえてみた。そして、「はじめ」と「おわり」の大部屋の性格を考え、とくに「まとめ」の性格がどこにあるのかを押さえた。次に、「説明の大部屋」を「小部屋」に分けた。さらに「小部屋」の名前を考えた。小部屋の名前を考えるときには、「小部屋」同士の関連を意識し、また「おわりの大部屋」の内容も大切にしながら名前を考えてきた。

そして、説明文の「美しいしくみ」を知ることができた。

こんどは『いろいろなふね』以外の説明文にも美しいしくみが存在するかどうかを確かめるという学習に進む。

学習材として『草花のひみつ（二）草花遊び』を選んだ。

音読のあと、段落に注目する。段落は❶から❽の八つ。まずは「はじめ・説明・おわり」の三つの大部屋に大きく分けてみる。

説明文は、「はじめ・説明・おわり」という三つの大きな部屋からできていましたね。文章全体を家のように考えて、これを三つの大きな部屋に分けます。

いちばんはじめの部屋が「はじめの大部屋」

そして後ろが「おわりの大部屋」

まん中のいちばん大きな部屋が「説明の大部屋」でした。

この文章を三つの部屋に分けてみましょう。「はじめの大部屋」「説明の大部屋」「おわりの大部屋」。なんでそういうふうに分けられたか、理由も考えて分けていきます。三つの部屋に分けられたら、隣の人と意見交換をします。はい、どうぞ。

この指示を受けて、子どもたちはもう一度文章を読み直す。

「❸からは『ササは〜』って、ササの説明がはじまっているから、「はじめの大部屋」は❶と❷だよね。」
「❸と❹がササの話で、❺になるとシロツメクサの話になっているでしょ。❻はオオバコのことだから、まだ説明だよね。じゃあ、『おわりの大部屋』は❼と❽だね。」

子どもたちは、具体的な名称を挙げて説明する文章を手がかりにして、三つの大部屋に分けていく。

そろそろいいかな？　では、この文章を三つの大部屋に分けます。
まず、「はじめの大部屋」に入るのはどれ？

「❶と❷です。」
どうかな？　みんな❶と❷でいいかな？　理由を言える人はいますか？
「はい。❶と❷で、これから話す話の話題をいっているから」
「❸からは、具体的にササやオオバコの名前を挙げて説明しているでしょ？　だから、❸からは説明だから、『はじめの大部屋』は❶と❷になるんじゃないかな？」

子どもたちは覚えたと思ったそばから忘れていく。今日覚えたことも明日にはすっかり忘れている。忘れるなら思い出せるようにはっておけばいい。目につく所に掲げておく。

なるほど、たしかに❸からはササの説明がはじまっているね。じゃあ、「はじめの大部屋」は❶と❷でいいでしょうか?

「はい。いいです」

はじめの大部屋　❶❷段落

では、「おわりの大部屋」はどこ?

「❼と❽です」

そうか。❼と❽でいいかな?

「いいと思うよ。だって、❸から❻までは、ササ、シロツメクサ、オオバコの説明になっているから、『おわりの大部屋』に入るのは❼と❽だよね」

クラスの大半が、うんうんとうなずく。

❸からはササの説明だったね。❹は?

「❹もササの説明!」

じゃあ、❺は?

「❺はシロツメクサの話」

じゃあ❻は？

「❻はオオバコの説明だよ。だから、やっぱり『おわりの大部屋』は❼と❽だよ」

おわりの大部屋　❼❽段落

「はじめの大部屋」と「おわりの大部屋」の性格を考える

三つの大きな部屋に分けることができた。次は「はじめの大部屋」と「おわりの大部屋」の性格を考えることにする。

それでは、こんどは「はじめの大部屋」の性格と、「おわりの大部屋」の性格を考えてみよう。「はじめの大部屋」の性格と、「おわりの大部屋」の性格って、何があったか、覚えているかな？

あれ、といった顔で教室の壁を見上げる子どもたち。彼らの視線の先にある、学級の壁には、画用紙で作成したカードがたくさんはられている。もちろん、その中に、「はじめの大部屋」、「説明の大部屋」、「おわりの大部屋」のカード、「はじめの大部屋」の三つの性格、「おわりの大部屋」の三つの性格もはられている。

子どもたちは覚えたと思ったそばから忘れていく。今日覚えたことも明日にはすっかり忘れているといったこともよくあることだ。

だからといってあきらめてはいけない。忘れるなら、思い出せるようにはっておけばいい。いつでも、彼らの目につくところに掲げておくのだ。確かめようとすれば、いつでも

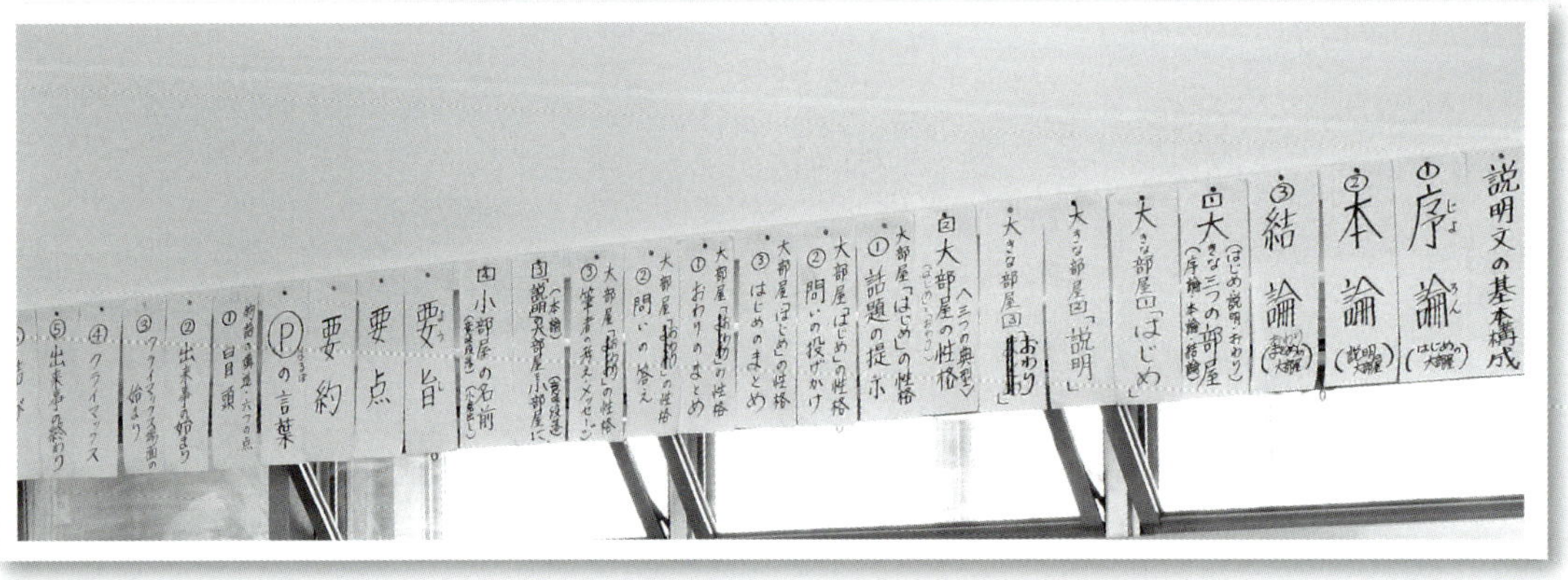

見られるところに。

国語授業を通して、繰り返し繰り返し反復しながら身につけていけばいいのだ。

「はじめの大部屋」の性格を覚えているかな。みんなで見てみよう。

「はじめの大部屋」の三つの性格
①話題の提示
②大きな問いの投げかけ
③はじめのまとめ

壁を見ながら答える子どもたち。

そうだね。では、「はじめの大部屋」の性格は、この三つのうちのどれ？

「えっと、①の『話題の提示』」

話題の提示？　どうかな？

「……」

うなずく姿に交じって、納得のいかない表情がちらほら見える。

いま、なんだか変だな、と感じている人は？

そろそろと手が挙がる。

なんだか、変だなという人で、意見の言える人はいますか？

手を挙げたままのD介を指名する。

「①の『話題の提示』っていうのもそうかもしれないけど、③の『はじめのまとめ』じゃ

ないのかな？」

言いながら語尾が小さくなっていくD介。

うん？　ちょっと待って。はじめのまとめじゃないか、って思ったんだね。どうしてそう考えたのかな？　D介の気持ちがわかるよ、っていう人はいない？

「あのね。D介くんは、はじめのまとめじゃないか、って言ったでしょ。それは、❷段落の文章のせいだと思うの。『草花遊びは、…野の遊びです。』と書いてあるでしょ。なんだか結論って感じがするよね」

「『草花遊びは、…野の遊びです。』のあとの『それは、なかまからなかまへと伝えられ、また、親から子へ、子から孫へと受け継がれてきました。』っていう文もまとめっぽいし」

なるほど。そう言われるとまとめに聞こえるね。どうだろう。

「うん。まとめも入っているかも」

そうだね。まとめもないとはいえないかな。D介くんの言った気持ち、わかった？

D介の顔が柔らかくなるのを見ながら、板書をする。

「はじめの大部屋」の性格

①話題の提示

③はじめのまとめ

では、「おわりの大部屋」の性格はどうだろう。

みんながまた、さっと壁を見上げる。

「おわりの大部屋」の三つの性格
①おわりのまとめ
②大きな問いの答え
③筆者の考え・読者へのメッセージ

掲示を確認しながら、声に出して言う子どもたち。

では、「おわりの大部屋」の性格を考えてみます。ちょっとお隣と意見を交換し合ってみようか。はい、どうぞ。

ここで、隣の子との意見交換の時間をつくった。「はじめの大部屋」の性格検討で、自分にも言いたいこと、言えることがたまっているのを感じたからだ。自分の意見を言いたい、だれかに聞いてもらいたい、という気持ちをうまくひき出すことで、クラス全員による話し合いの土壌ができる。

話したくてたまらない！　この気持ちを大切に

「『おわりの大部屋』の性格は①の『おわりのまとめ』だと思うよ。だって❼段落で『〜草花遊びが、いまに伝えられています。』って言い切っているし、❽段落もまとめっぽい」

これまで黙っていたK未が何か言いたげにしている。

おわりのまとめだって。なるほど、確かに言い切っているよね。では、①だけでいいかな？　意見のある人？　はいK未。

「あのね。❽段落はまとめではなくて、書いた人の意見なんじゃないかなぁ」

「うん。わたしもそう思う」

「この文章を書いた人は、草花遊びをする子どもが好きなんだよね」

「そうだよ。書いた人の『ああ、いいなあ』っていう気持ちが感じられる」

なるほど。じゃあ、もう一度「おわりの大部屋」の段落を読み直してみようか。みんなで読みます。はい、どうぞ。


そのほか、身近な四季の植物を上手に使い分けた、おどろくほどたくさんの草花遊びが、今に伝えられています。

日本の子どもたちは、それらの遊びを通して、四季の変化と美しい自然にじかにふれ、すこやかな心と体を育ててきました。また、野の草花と遊びながら、自然の仕組みを深く学び、大地の豊かさに感謝する、心のやさしさを身につけてきたのです。


教室中に気持ちをそろえた大きな声が響く。読み取ろう、知りたい、という思いが「読む」という行為をこんなにも変えるのか、と目をみはることがある。

「つっかえないで正確な」音読ができる段階にくると
ほとんどその文章を自然に理解している。
文意の読解が不十分なうちは、音読も本物ではない。

音読の大きなポイントのひとつに、理解（読解）と表現（音読・朗読）の相互関連性がある。「つっかえないで正確な」音読ができるような段階にまでくると、教師の説明がなくても、ほとんどその文意を自然に理解している。逆に言えば、文意の読解が不十分なうちは、音読も本物ではないのだ。

「ほんとだ、この人はうれしい気持ちで書いているんだね」

「『日本の子どもたちは～すこやかな心と体を育ててきました。』っていうところからわかるね」

「最後の文の『野の草花と遊びながら、自然の仕組みを深く学び、大地の豊かさに感謝する、心のやさしさを身につけてきたのです。』からも感じられるよ」

そろそろと手を挙げたR斗がぼそっという。

「書いた人は、かなしい気持ちだったんじゃないかな？」

「えっ、なんで？」

「だって、いま草花遊びなんてやらないよ」

うん。確かにそうだね。いまは草花遊びをすることは少なくなっているよね。だから？

「だから、あー、前はみんな草花遊びをして、やさしいいい子に育っていたのに、いまはダメになったな、って書いてあるような気がする」

なるほど。筆者の嘆く気持ちも感じられるよ、ってことかな。なるほど、そういう気持ちも入っているかもしれないな。どうだろう、R斗の言いたいこと、わかったかな？

「ゲームとかばっかりやってないで、自然の中で遊びなさいといっているのかな？」

「うわ、そんなこと書いてないよ」

「R斗くんの気持ちも少しわかるけど、でもそれは書いた人じゃないとわからないよね」

そうだね。じゃあ、「いいな」という気持ちと、「ああ、どうして」という気持ちも混じっているかもしれない筆者の考え・メッセージということでどうかな？

おわりの大部屋の性格

①おわりのまとめ

③筆者の考え・読者へのメッセージ

一斉にうなずく。

R斗も納得した表情でノートに書きはじめる。

R斗の読みは筆者の意図するところではないかもしれない、だが、わたしはそんな読みも大事にしたいと考えている。教室は、この子も、この子も、この子も、みんなが意見を言える場でありたい。そんな場でなければ、いや、教室をそんな場にしなければいけないのだ。

国語の授業における「対話」の意義

現状の多くの国語教室で「学級集団全員の話し合い」が展開されている。けれども、そこに果たして「話し合い・聞き合い」は成立しているのか。

一見、活発な意見交流が展開しているかのように映る「美しい授業」。

小さなつぶやき、どの子の読みも大切にしたい。
この子も、この子も、この子も、この子も、みんなが言える。
教室は、どの子も自由に意見の言える場でなければならない。

しかし、クラスには四十人の子どもたちがいる。この間、半数の子どもたちは一言も自分の読みを話していない。いや、半数どころではない。三分の二の子どもが、音声言語で自らの意見を表出していない。

それでも、話し合いの学習活動は表面的には十分に成立する。ある子から鋭い読みが出され、黒板は多様な読みで埋まる。美しく授業は流れる。

教師に指名された、ある子が自分の読みを黒板の前に立っている「教師に向かって」一生懸命に話している。教師もまた、その子の目を見ながら、何を言おうとしているのか、その発言の内容を聞き取ろうと懸命である。

その子の話が終わると、教師は簡単にその子の話の要点を整理する。そして、必要に応じて黒板に書く。その後、また全員に挙手を促し、その中から次の子を指名し、同様なことを繰り返す。

よく見る、典型的な「話し合い」の場面。

発言しているこの子は、一体、だれに向かって自分の読みを話そうとしているのか。教師である。前に立ってしっかり聞こうとしてくれている教師に自分の読みを伝えようと、言葉を選び、わかってもらおうと懸命に話している。

その子の目を見れば、それがわかる。だれかに何かを伝えようとするとき、子どもは（人は）、目にその思いを表す。聞いてほしい、わかってほしいという強い意志を目に込める。わたしの国語教室では「目力（めぢから）」と呼んでいる。

話したくもないのに、指名されてしかたなしに話している子の目力は弱い。その子は、聞いてくれる相手が存在せず、まるで独り言を言っているかのように、視線を下に落としながら話す。あるいは、自分のノートに書いてあることをただそのまま読むことで、発言に代える。そこには、だれかに自分の考えを聞いてもらいたいという、相手意識はほとんどいだいていない。

この「目力」は、話を聞く子どもたちにも同様のことがいえる。

仲間が懸命に自分の読みを話しているときに、聞いている子どもたちが視線をどこに向けているか、観察してみるといい。本当に、その話し手の考えを聞きたいと強く思うとき、子どもはその話し手に自然に目を向ける。耳だけではなく、目で聞こうとする。

けれども、先の学習場面において、発言する子に視線を意識して向けるのは、教師ひとりである。教師だけが耳と目で聞き取ろうと必死になる。だからこそ、その子は教師のみに目を向けて話す。

そのとき、ほかの子どもたちの多くは、教師を見ている。仲間の発言に対して教師がどのような反応をするかを見ている。またある子たちは、黒板を見ている。教師が要領よくまとめてくれた板書を見ている。また、ある子たちは、その板書をノートに書き写している。また、ある子たちは、自分の考えをノートに書き続けている。

そんな中、指名された子どもが教師に話し続けている。その姿が懸命であればあるほど、むなしく、寂しい。

「仲間との読みの交流・話し合い」はすこぶる意義がある。国語教室の醍醐味とさえ思う。

表面的に取り繕った「美しい授業」から脱却し、クラス全員による話し合いを成立させるために国語授業における「対話」の意義をあらためて見直してみたい。

けれども、そこにどうしても必要なことは、子ども自身の相手意識であり、仲間の存在への認識である。

「美しい授業」から脱却し、クラス全員による話し合いを成立させるために、国語授業における「対話」の意義をあらためて見直してみたい。

「自分はこう読んだ。仲間のあの子は自分と同じ読みをしているのだろうか。あの子はどうだろう。きっと同じ読みをしていることだろう。自分の読みを仲間たちに伝えたい。そして、仲間の一人ひとりの読みを聞きたい」

クラスすべての子どもたちが、このような思いで話し合いに臨むとき、はじめて、仲間との読みの交流が成立するのだ。

子どもは、話すことによって自分の漠然とした思いを徐々に明確にしていく。「対話」はその貴重な過程だ。

ややもすると、しっかりとまとまった考えがなければ発言できないという空気が「全体での話し合い」には生じがちだ。だから、ノートに書いてまとめた意見を読むことが「発言」であるかのような事態になる。

もっと、ぎくしゃくしながら話していいのだ。言いよどんでいいのだ。三十九人の仲間

に、迷いながら悩みながら話せばいい。もっと自然に自分を伝えるように話せばいい。

「説明の大部屋」を小部屋に分けよう

「はじめの大部屋」、「おわりの大部屋」の性格を理解したうえで、さらに「納得して理解する」ために「説明の大部屋」を小部屋に分けるという作業に入る。

みんなは、いま、「はじめの大部屋」と「おわりの大部屋」の性格をまとめました。筆者の伝えたいことの大筋は理解できたといえるでしょう。でも、この説明文を十分読み取ったとはいえない。なぜなら、きみたちはまだ、内容を納得して受け取ったわけではないからです。

納得するためには、「説明の大部屋」を小部屋に分けて検討する必要があります。では、これから「説明の大部屋」を小部屋に分けていきましょう。小部屋に分けるポイントは三つあったね。何だったかな？

勢いよく手を挙げる子、ノートを見返す子、首を左右に振りながら、教室の壁にヒントを求めようとする子、さまざまだ。

説明の大部屋を小部屋に分けるときには、名前を考えながら分けるとよかったね。名前を考えるときには三つの重要なポイントがありました。

子どもは話すことによって自分の漠然とした思いを徐々に明確にしていく。

だから、言いよどんでいい。もっと悩みながら迷いながら話していい。

自分を伝えるように話せばいいのだ。


「小部屋」の名前を考えるときの三つのポイント

①「きょうだい」の名前のように
「きょうだい」の名前のようにつながりを意識すること。

② 大切な言葉を読み落とさないで
それぞれの小部屋に書かれている言葉の中で「大切な言葉」を探すこと。

③ おわりの大部屋の内容を大切に
「おわりの大部屋」に書かれているまとめを大事にすること。また、「はじめの大部屋」の説明が「はじめのまとめ」の場合には、「はじめの大部屋」に書かれているまとめも大切にすること。

では、名前を考えながら、小部屋に分けることができたら、お隣と意見を交換してみよう。はい、どうぞ。


「いくつに分けられた?」

「三つ」

「えー、四つじゃないの?」

「えー、三つでしょ」

クラスのあちこちから三つだ、四つだの声があがる。

ちょっと待って。みんな名前を考えているかな？

「考えたよ。❸と❹がササでしょ。❺がシロツメクサ、❻がオオバコ。だから三つに分けられると思う」

「えー。❸はササぶね、❹はササ笛だから二つに分けた方がいいと思う」

「一緒にしたほうがいいよ」

なるほど。三つと四つというのはそういう分け方の違いか。

「遊びの種類で分ければ四つ。草花の種類で分けた人は三つといっているんでしょ？」

名前つけが小部屋に分ける根拠になる

「どっちが正しいの？」

「どっちかな？」

「小部屋の名前ってササとかオオバコでいいの？」

「いいんじゃないの？　植物の名前だから、きょうだいと同じで関連してるからいいんでしょ？」

「ちがうよ。もっと長くするんじゃなかったっけ？」

「そうだよ。小部屋の名前ってもう少し長くするんだよね。先生！」

そうだ。よく気がついた。小部屋の名前は、繰り返し出てくる大切な言葉に気をつけたり、「おわりの大部屋」の内容にも注意して長くするんだったね。どうかな？　長くできる

かな？

さっと手を挙げたＹ樹を指名する。

「❸と❹を一緒にして、『ササを使った遊び』にしたらどうかな。そうすると❺は『シロツメクサをつかった遊び』❻は『オオバコをつかった遊び』になるよ」

なるほど、どうだろう。Ｙ樹の意見はどうかな？　いいよね。長くなって、きょうだいのようにも聞こえるね。

「もっと長くなるよ！」

なーに？　もっと長くなる？　例えばどんな感じ？

「『自然の仕組みを生かした』ってつけたらどうかな？」（Ｔ郎）

どこにつけるの？

「前。えっと。『自然の仕組みを生かしたササをつかった遊び』あ、変だから『自然の仕組みを生かしたササの遊び』がいいかな？　シロツメクサとオオバコも同じようにつければいいと思うよ」

なるほど。ほかにはどう？

Ｔ郎の意見をじっと聞いていたＫ美がすくっと立ち上がる。

「わたしは『ササの性質を生かした遊び』『シロツメクサの性質を生かした遊び』『オオバコの性質を生かした遊び』ってしてみたんだけど、Ｔ郎くんは、『おわりの大部屋』に『自然の仕組みを深く学び』ってあるから、『自然の仕組みを生かした』ってつけたらどうかな？っていうんでしょ。それもいいよね。きっと」

Ｋ美の意見どうかな？　Ｋ美は『性質』という言葉に目をつけたんだね。性質が気になったという人ほかにもいるかな？

「❸段落で２回続けて『性質』っていっているよね」

「ササぶねは、ササの葉の細長い形やたてにさけやすい性質を上手に生かしているっていうのと、葉裏一面に生えたうぶ毛が、水をはじく性質をもっているって」

「ほかの段落でも『性質』って言葉はつかっていないけど、性質について書いているなっていうのはわかる」

「オオバコのくきが切れにくい性質をつかって、すもうごっこにつかうんでしょ」

「シロツメクサの首飾りも、くきが長いからつくるんだよね」

「あと、シロツメクサはあまい花の匂いがするからつくるんだよね。くさい花なら首にまこうなんて考えないもの」

うんうんとうなずく子どもたち。

なるほど、みんな「性質」が気になっていたみたいだね。ほかに気になった言葉、これは大切なんじゃないかな、という言葉はあった？

気になる言葉から作者の意図を読み取る

「四季の変化」

「わたしも『四季』って何回も出てくる気がした」

「ぼくは『初夏』が気になった」

「ぼくも。でも、四季の変化っていってるけど、初夏しか出てこないよね」

「あ、ほんとうだ」

「ササとシロツメクサが初夏で、オオバコはいつなのかな？　秋？　春かなぁ」

「初夏だけをいってるけど、❼段落で『そのほか、身近な四季の植物を上手に使い分け

た、おどろくほどたくさんの草花遊びが、今に伝えられています。』って書いてあるでしょ。ほかにもいろいろと季節にあった草花遊びがあるんだな、ってわかるよね」

なるほど。季節に応じた草花遊びがあるわけだね。初夏だけを出しているのは、あえて初夏だけにしているのかどうかはわからないけれど、ほかの季節にもその季節にあった草花遊びがありそうだな、っと想像できるね。

「いろいろなふねのときに、客船→フェリーボート→漁船→消防艇というふうに並んでいたように、ササ→シロツメクサ→オオバコまでいって、そのあとはイメージしてください、といっているのかな?」

「そうだね。きっといろいろあるぞ、あるんじゃないかな、っと思わせているんだね」

「小部屋の名前つけ」は説明文の自力読みの力を子どもたちに獲得させる。自分で読み取った子どもたちは、自分の読みを話したくてたまらなくなる。友だちの読みを理解しようと必死になる。そして対話が、話し合いが成立するのだ。

国語科における「基礎学力」とは何かを模索するとき、重要な力として浮上してくるのは「話し合う力」である。

この力は、あらゆる教科・領域に共通して、その学びの基礎となる必要不可欠な力であることは間違いない。

当たり前だが、子どもたちは毎日、日々、音声言語（話し言葉）で自分を表現し、仲間の音声言語表現を聞いている。話し合い、聞き合うことは、彼らの日常生活の一部である。その意味では、この「話し合う力」は、子どもたちがひとりの人間としていまを生きていくための「生きる力」であると考える。

説明文は「話し合う力」を身につけさせるのにも格好の学習材となる。

三時間目のまとめ

◆子どもたちは覚えたと思ったそばから忘れていく。
だからといってあきらめてはいけない。
国語授業を通して、繰り返し繰り返し繰り返し
反復しながら身につけていけばいいのだ。

◆国語に限らず授業での発言は、もっと、ぎくしゃくしながら
話していいのだ。言いよどんでいいのだ。
三十九人の仲間に、迷いながら悩みながら話せばいい。
もっと自然に自分を伝えるように話せばいい。

◆「話し合う力」は、子どもたちがひとりの人間として
いまを生きていくための「生きる力」である。

休み時間 教えて！にへいちゃん！

学力を定着させるコツ

Q 公立の小学校では中学年までは担任が一年ごとに交代し、五、六年だけ二年間受けもつというところが多いようです。うちの学校もそうなのですが、毎年、新学期になると、「どうして前の学年でしっかり習ってこなかったのよ！」と泣きたいような気持ちになることがあります。学習用語すら覚えていないし…。

A 子どもたちは覚えたと思ったそばから忘れていきます。「昨日教えたことをどうして今日忘れるんだ？」と不思議になるくらい忘れます。

だからといってあきらめてはいけません。忘れるなら、思い出せるようにはっておけばいいのです。いつでも、彼らの目につくところに掲げておく。確かめようとすれば、いつでも見られるところに。

わたしが担任する六年の教室には、前と横の壁面に、画用紙で製作したカードがたくさんはられています。

それら一枚一枚には、国語学習用語が書かれています。それらはすべて、わたしと教え子たちがはじめて出会った四年生の春四月からこれまでに、彼らが国語授業を通して学んできたものです。

学習用語の数は百を超えます。そのすべてを国語の力として駆使しているとはいえません。

けれども、彼らの前にいつもあります。確かめようとすれば、いつでも見られます。国語授業を通して、繰り返し繰り返し、反復しながら、この百個の学習用語を自分のものにしていくのです。

パッと目につけば思い出す、忘れたら思い出す、その繰り返しで定着させていくのだと思います。

わたしのクラスは三年間もち上がりですが、一年ごとに担任が変わるのであれば、学校全体で学習用語の統一をしておくといいですね。担任が変わるごとに学習用語まで変わるの

は、子どもたちにとって厳しい。学校内の教師の間で、一度話し合っておいてはいかがですか。

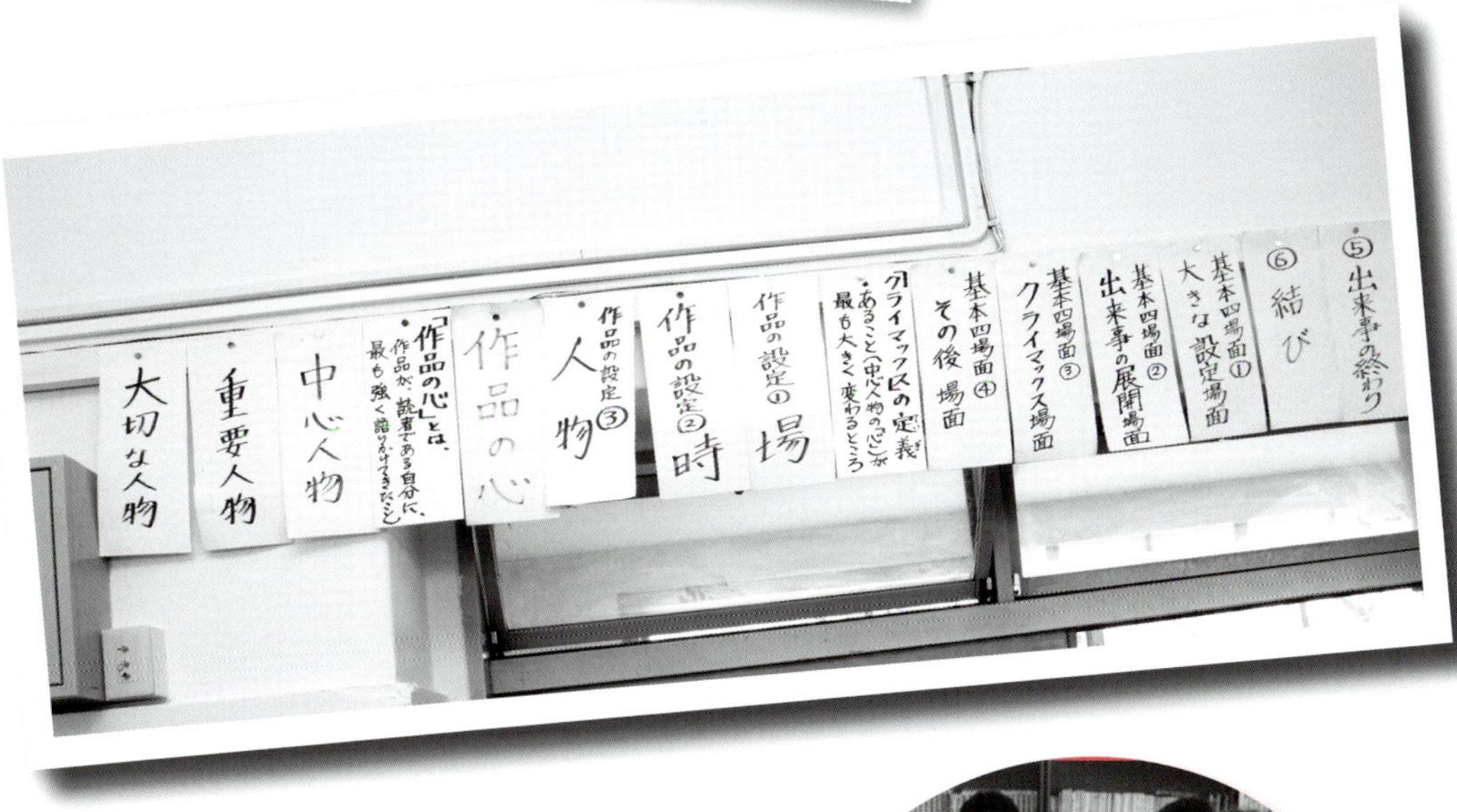

二瓶先生の六年生の教室には、前と横の壁いっぱいに画用紙に書かれたカードがたくさんはられている。子どもたちは必要に応じて壁を見上げ、確認して授業に参加する。

四時間目 レッドカーペットがつくる美しいしくみ 学習材「めだか」

めだか

杉浦《すぎうら》　宏《ひろし》

めだかの学校は　川の中
そっとのぞいて　みてごらん
そっとのぞいて　みてごらん
みんなで　おゆうぎ
しているよ。
（茶木《ちゃき》　滋《しげる》『めだかの学校』より）

❶　春になると、小川や池の水面近くに、めだかがすがたをあらわします。めだかは、大変《へん》小さな魚です。体長は、三、四センチメートルにしかなりません。

❷　めだかは、のんびり楽しそうに泳いでいるようですが、いつも、たくさんのてきにねらわれています。「たがめ」や「げんごろう」、「やご」や「みずかまきり」などの、水の中にいるこん虫は、とくにこわいてきです。大きな魚や「ざりがに」にもおそわれます。

❸　では、めだかは、そのようなてきから、どのようにして身を守っているのでしょうか。

❹　まず、第一に、小川や池の水面近くでくらして、身を守ります。水面近くには、てきがあまりいないからです。

❺ 第二に、すいっ、すいっとすばやく泳いで、身を守ります。近づいてきたてきから、さっとにげることが上手です。

❻ 第三に、小川や池のそこにもぐっていって、水をにごらせ、身を守ります。近づいてきたてきに見つからないようにかくれるのです。

❼ 第四に、何十ぴきも集まって泳ぐことによって、身を守ります。てきを見つけためだかが、きけんがせまっていることを仲《なか》間に知らせると、みんなはいっせいにちらばります。そして、てきが目うつりしている間に、にげてしまいます。

❽ めだかは、こうして、てきから身を守っているだけではありません。めだかの体には、自然《ぜん》のきびしさにもたえられる、とくべつな仕組みがそなわっているのです。

❾ 夏の間、何日も雨がふらないと、小川や池の水がどんどん少なくなり、「ふな」や「こい」などは、次々に死んでしまいます。

❿ でも、めだかは、体が小さいので、わずかにのこされた水たまりでもだいじょうぶです。小さな水たまりでは、水温がどんどん上がりますが、めだかの体は、四十度近くまで水温が上がってもたえられるようにできています。

⓫ また、大雨になると、小川や池の水があふれ、めだかは大きな川におし流されてしまいます。大きな川から海に流されてしまうこともあります。ふつう、真水でくらす魚は、海水では生きることはできませんし、海にすむ魚は、真水の中では死んでしまいます。

⓬ しかし、めだかは、真水に海水のまざる川口《かわぐち》ふきんでも生きることができます。めだかの体は、海水にもたえられるようにできているのです。海に流されためだかは、やがて、みちしおに乗って、川にもどってくることもできます。

⓭ 小川や池の中で泳いでいるめだかを見ると、ただ「おゆうぎ」をしているようにしか見えないかもしれません。しかし、めだかは、いろいろな方《ほう》法でてきから身を守り、自然のきびしさにたえながら生きているのです。

教育出版 小学国語「ひろがる言葉」平成十七年度 三年上

ペア対話でスムーズな学習を

これまで、「いろいろなふね」を学習材にして、説明文の美しいしくみについて学んできた。さらに「草花遊び」の学習で、説明文の美しいしくみの確認を行ってきた。次に取り上げる学習材は「めだか」である。子どもたちにとっても、なじみの深いめだかはイメージのしやすい題材だ。

まずは音読からはじめる。

ではこの文章を、三つの「大部屋」に分けてみましょう。分けられたらお隣とペアで話し合います。はいスタート。

真剣な顔で再度、読みはじめる子どもたち。しばらくの静寂のあと、隣同士でのやり取りがはじまる。


「『はじめの大部屋』は❶だよね」

「うん、❶で決まり。❷からは、てきの話がはじまっているでしょ？」

「てきから身を守る話がはじまっているよね。だから、❷からは『説明の大部屋』になっている」

「じゃあ、『おわりの大部屋』は？」

「『おわりの大部屋』は⓭じゃないの？」

「そうだね、わたしもそう思う」

「『はじめの大部屋』の性格は？」

「話題の提示でしょう」

「そうだね。ぼくも同感。では、『おわりの大部屋』の性格は?」

「おわりのまとめ」

「OK!」

隣同士での確認がおわると、二人はそろって手を挙げる。ものの数分でクラスのほとんどの手が挙がる。

わたしは最後に挙げた二人組を指名する。

「はじめの大部屋」は?

「❶です」

ほう。❶だけでいいかな?

クラスのみんながうなずいている。

「はじめの大部屋」の性格は?

ペア対話で自信をつけているため、クラス中からドッと手が挙がる。

わたしを指してよお願い! わたしを指して! と、目に力をこめた(わたしの国語教室では「目力:めぢから」と呼んでいる)真剣な顔がそこここにある。わざと迷って、いつも発言の少ないI子を指名する。

「話題の提示」


自分の思いを音声言語で伝えるためには実際に話すことが必要だ。

全体対話の前段階としてペア対話を多く取り入れる。

相手の反応を見ながら話をすることで、全体対話への抵抗もなくなる。

どうだ？　話題の提示でいいかな？

目力のこもった顔がうなずく。

よーし、話題の提示っと。

声に出して確認しながら板書する。

では、「おわりの大部屋」とその性格は？

「はい！」

「はい！」

目力のこもったF也を指す。

「『おわりの大部屋』は⑬。性格はおわりのまとめ」

「いいです！」

説明文の学習を積み上げてきた彼らは、三つの大部屋の区分け、「はじめ」と「おわり」の大部屋の性格までは、一気に読み取ることができる。子どもたちのスピードが乗っているときは、教師も流れに乗ってテンポよく進める。

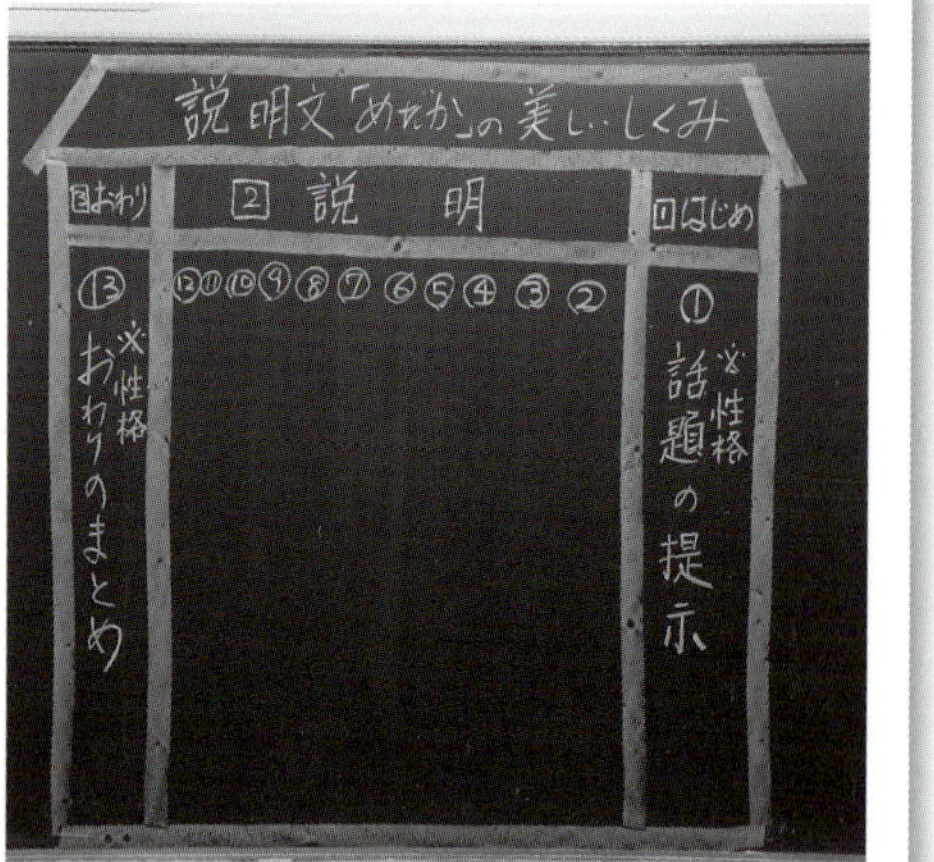

命名「レッドカーペット」

よし。じゃあ「説明の大部屋」を小部屋に分けよう。自分の考えがまとまったら手を挙げて。

子どもたちはここで再び文章に戻る。しばらくすると「あれ?」「え?」と、首をかしげる姿が増えてくる。

あれー、なんだか悩んでいる子がいるぞ。隣同士ペアで意見交換。はい、どうぞ。


「❷から❼までは、てきからの身の守り方を説明しているでしょう?」

「うん、四つの身の守り方が紹介されているよね」

「だから、❷から❼は一つの小部屋でいい」

「❾から⓬は、からだのしくみについて書いてあるでしょ?」

「自然からの身の守り方だよね」

「水温が上がってもたえられるしくみと…」

「海水にもたえられるしくみ」

「そう。二つのからだのしくみ」

「でもさ、❽の段落はどうなるの?」

「そうそう。わたしも❽がわかんない」

「❽は前と後ろの両方のことが入っているよね」

多くのペアが❽につまずく。つまずきを確認したところで、全体対話に入る。

では、発表してもらおうかな。

「説明の大部屋」はいくつの小部屋に分かれる？

❽の扱いに悩んでいる子どもたち。手の挙がる勢いもおされ気味だ。

どうだ、T哉？　悩んでいるなら、悩んでいるように話して。

「二つか三つ？　❷から❼は一つの小部屋だと思うけど…」

❷から❼？　小部屋の名前は？

「てきからの身の守り方、だと思う」

どうだ？　いいかな？

「いいと思う」

じゃあ、二つ目の小部屋は？　R美。

❾から⓬で、自然のきびしさにたえられる、めだかの体の特別なしくみ」

「おー」

「すごい、部屋の名前が長い」

「R美ちゃんの小部屋の名前もいいけど、小部屋の名前はきょうだいの名前のようにつけるから、はじめの小部屋を『てきからの身の守り方』にするなら二つ目の小部屋は『自然からの身の守り方』にすると、きょうだいみたいでいいと思う」

「おー」

なるほど。じゃあ、❷から❼が「てきからの身の守り方」、❾から⓬が「自然からの身の守り方」でいいかな？　おい、❽はどうした？　❽はどっちの部屋に入るんだ？

「それが困ってるんだよね」

「❽は、てきからの身の守り方ってまとめて、次の自然から身を守ることにつなげてい

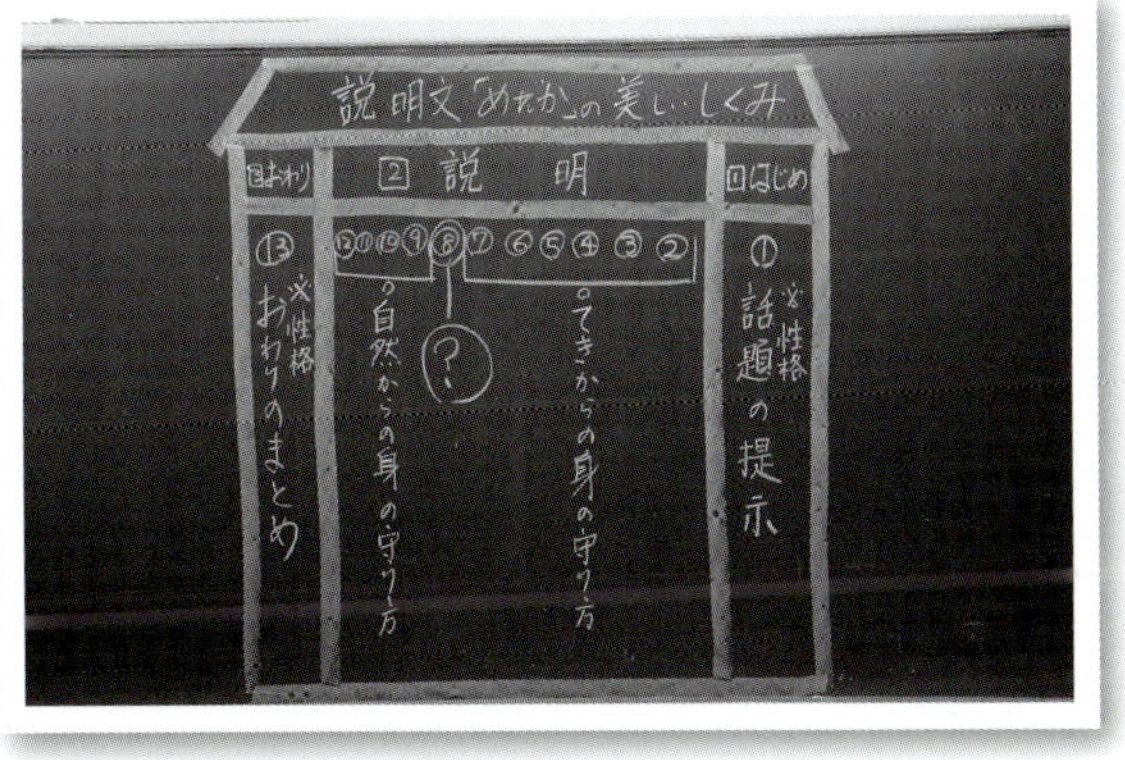

ると思うんだけど…」

なるほど。もう一度❽の段落を読んでみようか。

めだかは、こうして、てきから身を守っているだけではありません。めだかの体には、自然のきびしさにもたえられる、とくべつな仕組みがそなわっているのです。

確かに、前の小部屋の説明をまとめてから、次の部屋に話をつないでいるね。前と後ろの両方の部屋にまたがっているな。「部屋と部屋をつなぐもの」ってほら、何か考えられないか？

「部屋と部屋をつなぐもの？」

「何だろう」

「あー！」

「廊下？」

そう、廊下だ！　❷から❼も❾から⓬もどちらの小部屋も、小部屋という割には広いよね。小部屋より大きくて大部屋の中にあるから、何部屋っていえばいい？

「中部屋？」

悩んでいるときは悩んでいるように話せばいい。聞き手の反応を見ながら、言葉を選び、思いを伝える努力をする。自分なりの考えを音声言語として伝えることができると、大きな自信になる。

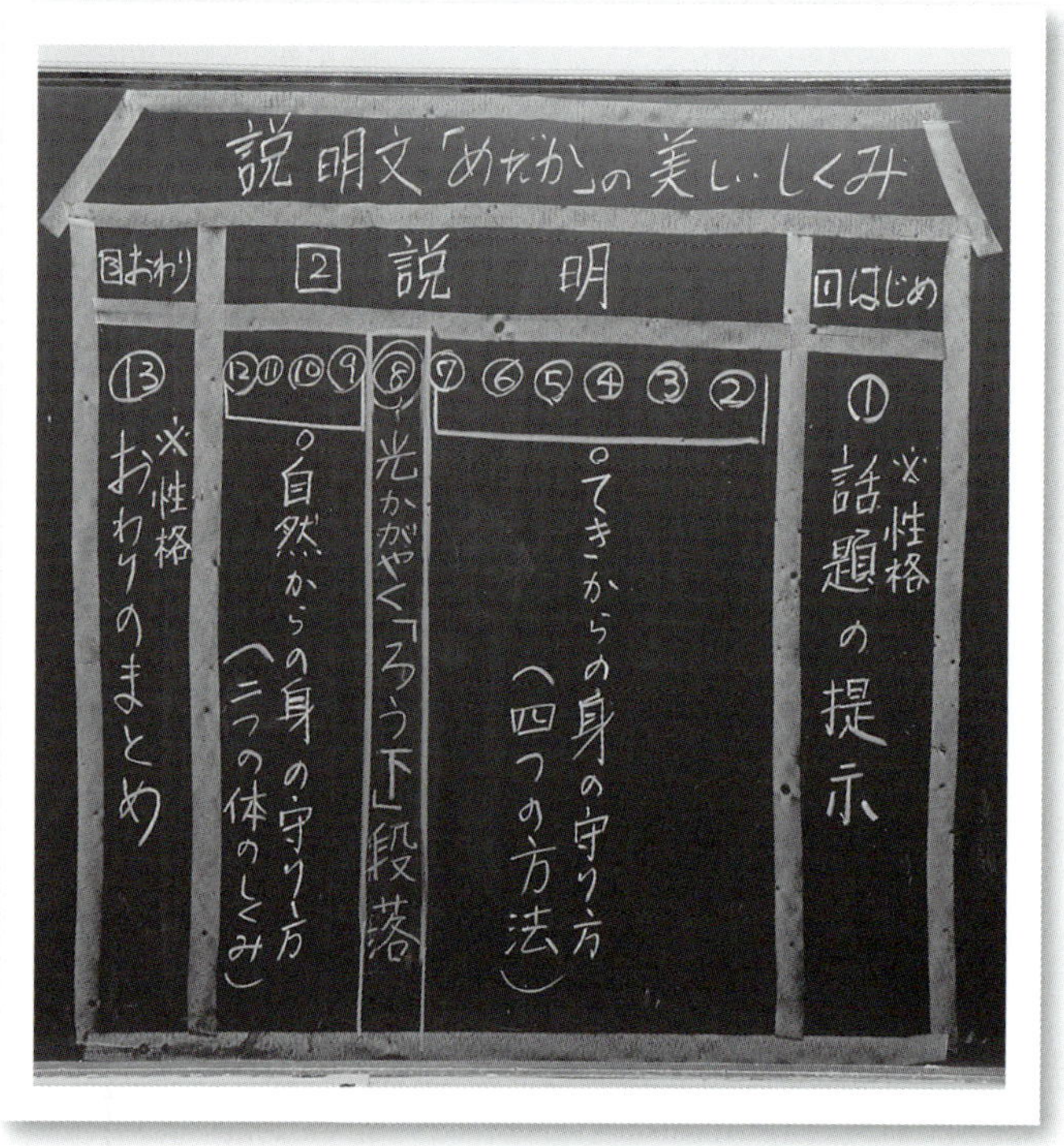

そうだ、いいね。中部屋にしよう。中部屋と中部屋を、この❽段落がつないでいる、と考えたら、ほらまたこれも美しいしくみにならないか？

「説明の『部屋』と『部屋』を結ぶ長い廊下か」

「キラキラ光り輝く廊下だね！」

「レッドカーペットだ！」

どうやら赤いじゅうたんの敷いてある豪華なホテルの廊下というイメージらしい。中部屋と中部屋を結ぶ大切な役割を果たす廊下。説明文の美しいしくみを生み出す、魔法のカーペットだ。

「いいねー。レッドカーペット」

「なんか、かっこいい！」

わたしの国語教室では、つなぎの段落の名前は「光り輝く廊下段落」別名「レッドカーペット」と名づけられた。

四時間目のまとめ

◆説明文の学習を積み上げることによって、三つの大部屋の区分け、「はじめ」と「おわり」の大部屋の性格まで、一気に読み取ることができるようになる。

◆子どもたちのスピードが乗っているときは、教師も流れに乗ってテンポよく進める。

◆悩んでいるなら、悩んでいるように話すことを指示する。

◆つなぎの段落は、中部屋と中部屋を結ぶ大切な役割を果たす廊下。説明文の美しいしくみを生み出す、魔法のカーペットだ。

休み時間 教えて！にへいちゃん！

「話し合い」を成立させるコツ

Q 二瓶先生のクラスでは、子どもたちがものすごく意欲的に発言したり、話し合いをしていますよね。すごいなぁとあこがれているのですが、なかなかまねができません。わたしのクラスでは、発言する子と、黙って聞く子、そして授業に参加しているだけで、空気のような存在になっている子もいます。話し合いを成立させるのが夢なのですが…。

A わたしは全国のさまざまな街の小学校国語教室を訪問しますが、時折若い先生から同じような質問を受けます。

「わたしの国語授業では、なかなか『話し合い』が成立しません。どうして、高学年になればなるほど、子どもたちは発言しなくなるのでしょうか」

「国語の授業になると、活発に発言する子と、黙って下を向いている子が決まってしまいます。まるで役割分担しているかのように」…

どうしてなのか。それは多くの子どもたちの心の中に「わたしが話さなくても授業は流れる。わたしは話さなくて大丈夫な役割なの」といった思いが培われているからなのです。

国語授業。その多くの導入で学習材となる文章の音読をします。今回お話している説明文の導入でも必ず音読から入ります。

誰かひとりの子どもに音読をさせる場合、わたしはいきなり指名はしません。必ず挙手を求めます。

その際、もし、四十人学級の四・五人しか手を挙げなかったとしたら、その後の授業は成立しません。三分の一の子どもしか挙げなかったら、話し合いの学習はしても無

駄です。

　クラスの半数程度の子どもしか「わたしが読みたい」と意思表示できない状態だったら、自分の学級集団をもう一度はじめからつくりなおすべきだと、わたしは思います。

　国語教室とは自分の意見を言葉で表現し合う場です。それは難しいことです。言葉を探し、考えをまとめ、伝わるように表現しなくてはならない。聞いてもらえるだろうか、わかってもらえるだろうか、という不安が常にあります。

　にもかかわらず、「文章を声に出して読む」という行為すら躊躇《ちゅうちょ》する子が半数もいて、どうして言葉で学び合う国語授業が成立するのか。「伝え合う力」の育成など夢物語です。

　わたしのクラスは四年生からのもち上がりです。いまでこそ活発に「話し合い」を行うわたしのクラスでも、二年前の四月には授業導入の音読の際、「だれか読みたい人？」と聞いて、たった数人しか手が挙がりませんでした。

　「音読するのが苦手でいい。そのために教室にいるのです。漢字を読み間違えても、つっかえてもいい。そのために国語の授業があるのです。音読が苦手だと思う子こそ、音読をみんなの前でやりなさい。いつかうまくなります」

　教師がそんな気持ちになったら、子どもたちも変わります。目の前の子どもたちは未熟なのです。彼らは読めない、書けない、話せない、聞けない。だからこそ、わたしたちの「仕事」があるのです。

　わたしも「夢の学級集団」を思い求めています。四十人全員が「読みたい・書きたい・話したい・聞きたい」という強い意志をもち、主体的に言葉と関わる学習集団の実現を。

　でもまだ実現はしていません。三十人の子どもが「はい！はい！」と活発に挙手し、深い読みをし、鋭い発言を続けても、十人の子どもが下を向いているとしたら、それは「夢の学級集団」とはいえないから。

◆教え子の卒業文集から◆

「最後に二瓶ちゃんに聞きたいこと」

わたしはいつも流されてしまう人だった。「本当はあれがよかったのに」。でも、まわりが違うからそっちに合わせる。後になって「ああ、言えばよかった…」と悔やんでしまう。自分が言いたいことを言い出せない人だった。授業中もあまり発言しなかった。自分の意見を言える大切な過程であるのに、言い出す勇気がなかった。

それをいいとは思わなかった。他人に流されてよかった試しがない。だから、はっきりと自分の意見を言える人は、わたしの目標だった。

でも、やはり人前で話すとなると、緊張して口ごもってしまう。その先の一歩が踏み出せなかったのである。必死にがんばっているのに、あの人と何が違うの？　そんなまま、三年までの学校生活は終わった。

四年のクラス替え、わたしは二瓶ちゃんのクラスになった。以前、二瓶ちゃんの教室の前を通りすがったとき、みんなが手を挙げ、意見を言おうとしているところを見た。「二瓶ちゃんのクラスはちょっと

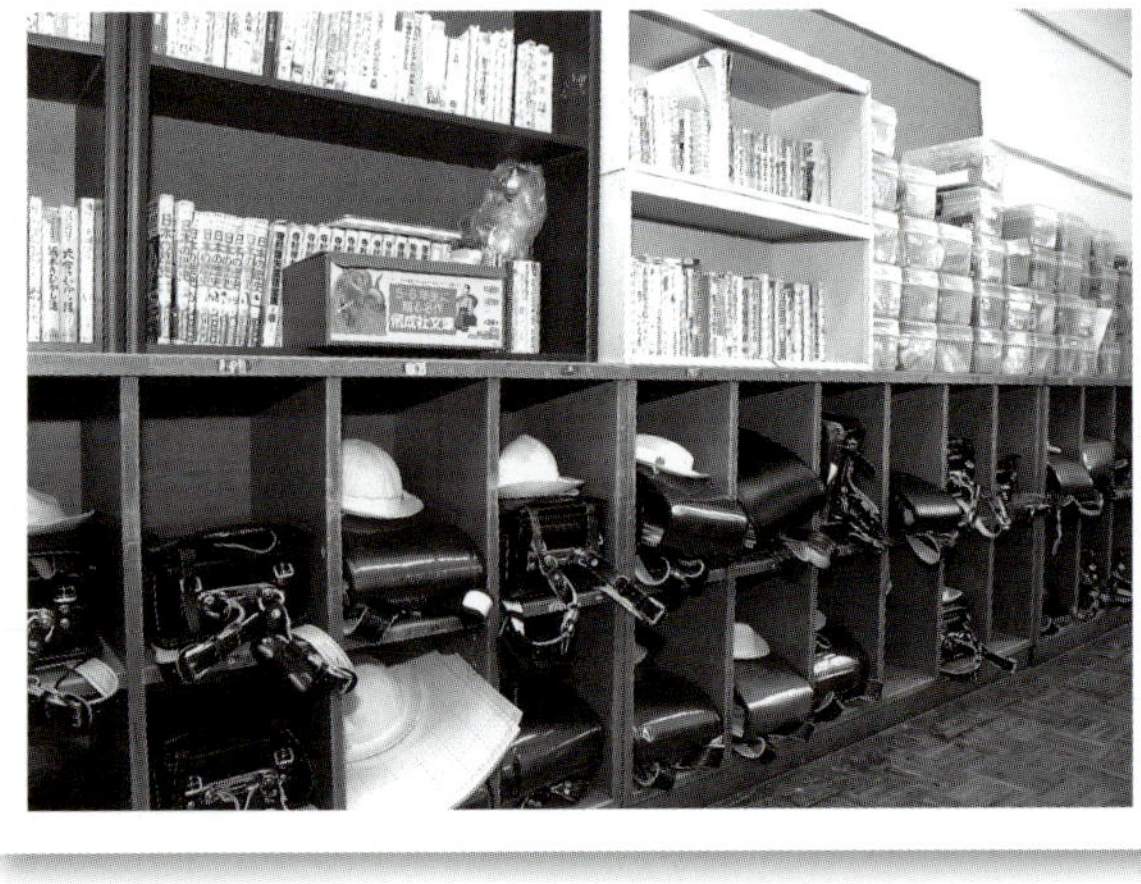

自信ないな」なんて思っていたら、本当にそのクラスに入ってしまった。

予想していたとおり、語り・対話・アドバイス…みんなの前で話す学習が多い。手を挙げないと話したくないことがわかってしまうから、前の人の背中に隠れ気味にして手を挙げた。でも、二瓶ちゃんはお見通しなのか、わたしが心の中で「当てられませんように」と願っているとき、わたしを指した。

あのころ、わたしは恥ずかしくて、緊張して、わたしを見るみんなが怖くて、思い通りの発表はできなかった。

でも、あるとき、語りをしていて気づいた。みんなの目が、わたしを真剣に見てくれていること。あるとき、対話をしていて気づいた。わたしの意見をもとに、みんなが意見を言ってくれていること。このときから、わたしは少しだけ自分に自信がもてるようになった。

いまでは、なんの躊躇《ちゅうちょ》もなく、自分の意見を言うことができる。だから、もう他人に流されることなく、自分の道を歩んでいける。わたしがこうなれたのは、仲間がいたから。

二瓶ちゃんが目指した「夢の学級集団」は、三十九人ではできない。わたしはその四十人の一人。

小学校生活はもうすぐ終わる。その最後の卒業式の日、二瓶ちゃんにこう聞きたい。

「二瓶ちゃん、わたしたち『夢の学級集団』になれた？」

給食
説明文をゲーム感覚で（音読　速読　視写　語り）

手製の説明文集と四つの言語活動

わたしは説明文の学習には、独自のプリントを使用している。

子ども向けの詩集はたくさん市販されているが、数十編を掲載した「説明文集」はない。

数年前、なければ自分でつくろうと思い立った。過去二、三十年の東京書籍の国語教科書をすべて読み返し、いまもつかえる説明文を選び出し、パソコンに打ち込み、五〇の説明文集をつくった。

毎年、担当する三学年（わたしの勤務校である筑波大学附属小学校では、原則として「教科専任制」をとっている）の子どもたちに渡す。（巻末に説明文集のリストを掲載）

この説明文集の文章群をつかって、四つの言語活動を展開した。
一つ目は、「音読」。提示した文章は、多数の学年にわたり、そのままの原文のため、低学年で使用する際には、難語句も多い。代表して読みはじめた子どもが、難語句にあたり詰まると、まわりの子がその読みを教え合う。だれも読めない場合はわたしが教え、必要に応じて語彙の解説を行った。

わからない言葉、読み間違う言葉があって当然です。みんなには知らない言葉が山ほどあるんだ。だからこそ言葉を学ぶ意義があるのです。


低学年にとっては難しい文章もある。けれども、その音読を毎時間のように継続することで、子どもたちは文章を声に出して読むことに抵抗感がなくなっていく。

二つ目は、この「音読」に少しゲーム的な要素を加えてみた「速読」。文章を可能な限り早く音読する。ルールは「一字一字、はっきりと発声すること」である。

この「速読」も、子どもたちの基礎言語能力づくりにとても有効な方法だと実感している。速読するためには、目で文章の先を追い、文章の意味を瞬時に吟味する必要がある。

三つ目は、「視写」。視写するときの約束事は三つ。「正確に・丁寧に・できるだけ速く」である。

子どもたちは、指定されたマス目のノートをつかい、段落を意識しながら、一編ずつ説明文を書き写していく。優れた名文の視写の継続は、読解力のみならず、文章表現力を飛躍的に向上させる。

また、わたしは、「チャレンジ10」と名づけて、十分間でどれだけの分量の文章を正確に書き写すことができるかのチャレンジをさせている。ストップウォッチで正確に時間をはかり、十分間にノートの何行（何頁）まで視写できたかの記録をつけさせて、競い合わせている。説明文以外にも、漢字や詩の視写にも取り組ませている。

「用意、はじめ！」という合図を待ち、鉛筆を握る子どもたちの目は実に真剣。教室空間に緊張感が走る。

参考までに、これまでの最高記録を紹介しておこう。

○三年生記録「二ページ五行」約七〇〇字
○五年生記録「二ページ一〇行」約八〇〇字
○六年生記録「三ページ」約一〇〇〇字

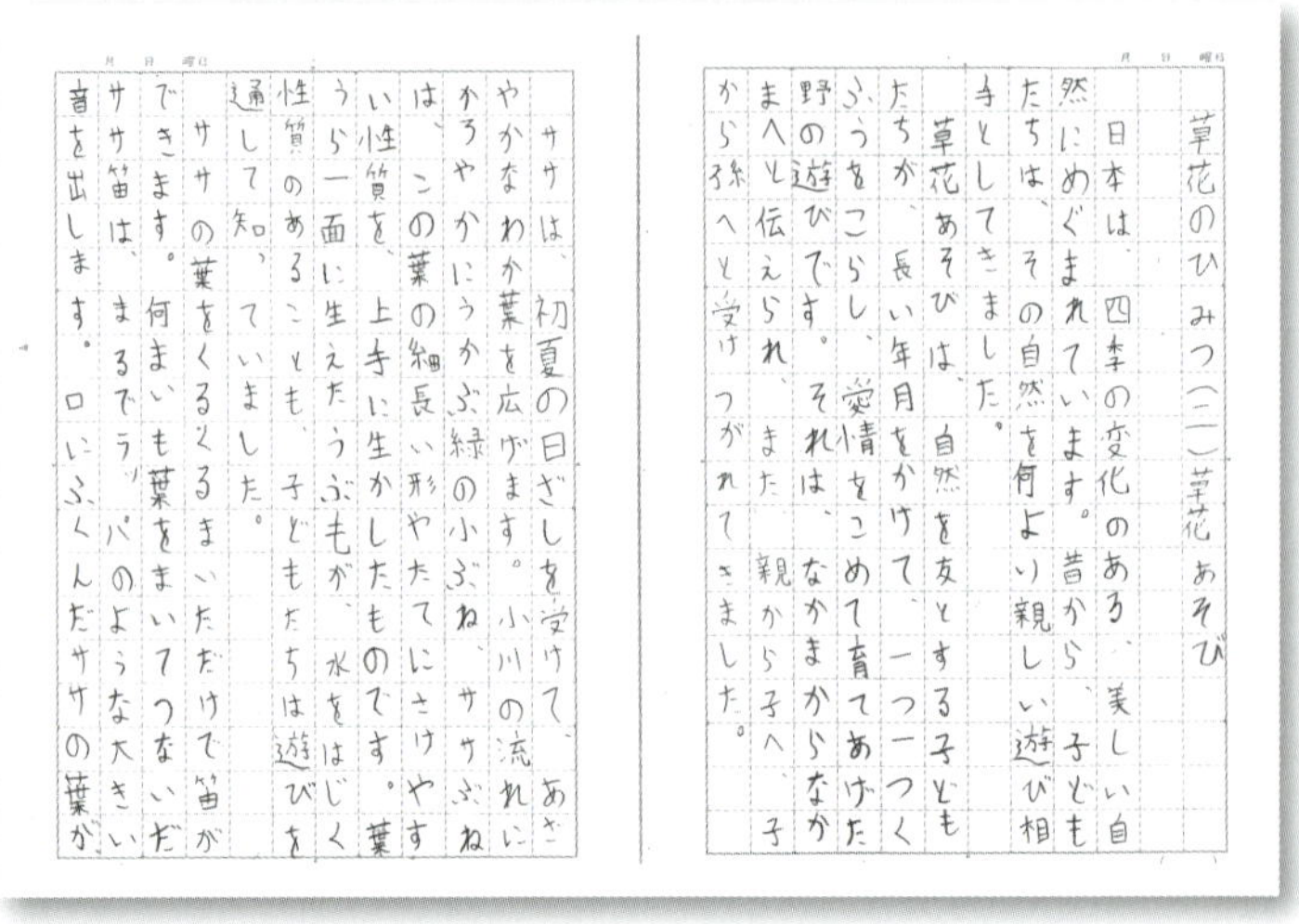

草花のひみつ(一)草花あそび

日本は、四季の変化のある、美しい自然にめぐまれています。昔から、子どもたちは、その自然を何より親しい遊び相手としてきました。

草花あそびは、自然を友とする子どもたちが、長い年月をかけて、一つ一つくふうをこらし、愛情をこめて育てあげた野の遊びです。それは、なかまからなかまへと伝えられ、また、親から子へ、子から孫へと受けつがれてきました。

ササは、初夏の日ざしを受けて、あざやかなわか葉を広げます。小川の流れにかろやかにうかぶ緑の小ぶね、ササぶねは、この葉の細長い形やたてにさけやすい性質を、上手に生かしたものです。葉うら一面に生えたうぶ毛が、水をはじく性質のあることも、子どもたちは遊びを通して知っていました。

ササの葉をくるくるまいただけで笛ができます。何まいも葉をまいてつないだササ笛は、まるでラッパのような大きい音を出します。口にふくんだササの葉か

自分らしさを表現する

そして、四つ目は、「語り」。説明文の語りのポイントは次の四つである。

①視線　聞いてくれる人に向ける。
複数の場合は、視線を巡らす。
②表情　穏やかな、明るい表情で。
③速さ　ゆっくり間をとる。
④声量　聞き取りやすい声の大きさ。

わたしの教室用語で「目力」（めぢから）という言葉がある。仲間に自分らしさを伝える際には、聞いてほしいという思いを目に込めて表現することを繰り返して指導する。説明文の語りでも、詩や物語の語りでも、スピーチや意見発表でも、「目力」のない表現は相手の心に届かない。

自分らしさを「目」で話すこと、聞き手を強く意識して音声表現をすること。優れた説明文は、自分らしさ（思い・考え）を言葉で伝えるための優れた表現の術を教えてくれる。多くの優れた説明文を語ることで、その術を少しずつ体に蓄えていく。

強い「目力」で自己表現するひとりの語り手と、強い「目力」で受けとめようとする多くの聞き手によってつくられる「空気」をわたしの教室に実現したい。

説明文の語りは、人が人として生きるための重要な「言葉の力」をはぐくむのだ。

五時間目
筆者の伝えたいことに意見・感想をもつ
学習材「日本の子どもたちと、世界の子どもたち」

文章を読むことは自分の「意見・感想」をつくること

説明文を学習材にして、子どもたちにどんな「言葉の力」を獲得させるのか。

まずは、文章表現に即して、書かれている内容を正確に読み取る力。段落構成の把握、事実と感想の区別、筆者の主張の理解など、「読解力」の基礎となる、きわめて重要な「読みの力」を説明文の学習を通して獲得させる必要がある。

いまひとつ、説明文の学習によって獲得させたい「言葉の力」がある。それは、自己表現力である。ある事実、ある主張、ある認識が、いかに表現されているかを説明文を学習材として学ぶこと、そして、その学びによって、自らが人に伝えたい事実、主張、認識を

効果的に表現する方法を獲得する。優れた説明文は、優れた自己表現の方法を学ぶ格好の学習材といえる。

また、真の「読解力」を育成するために、根本的な国語授業観の転換が必要である。すなわち、学習材である文章を読むことは、その文章に対する自分の意見をもつことであると、子どもたち自身が明確に認識しながら学習を進める授業へと転換することである。

文章を読むことは、その内容価値を見つけることで完結するのではない。教師の求める「正解」とされる解釈を探ることでもない。文章に対する自分の「意見・感想」をつくることこそ大切な学習であることを子どもたちにしっかりと押さえさせたい。

わたしの国語教室の五年生のときの取り組みを紹介しよう。

これまでに、説明文『いろいろなふね』『草花遊び』『めだか』を学習材に、説明文の「美しいしくみ」を学んできた。五年生に進級し、新たな説明文の「自力読み」を獲得する段階に入る。

学習材は、丘 椎三の『日本の子どもたちと、世界の子どもたち』。次ページにその全文を掲載したが、語彙も難解なものはなく、これまでに説明文の「美しいしくみ」を学習した子どもたちには読みやすい文章である。

通読したあと、三つの大部屋（「はじめの大部屋」〈序論〉・「説明の大部屋」〈本論〉・「おわりの大部屋」〈結論〉）の基本構成を確認。さらに序論と結論の性格を大きく把握する。

序論は段落❶〜❸、性格は「話題の提示」と「問いの投げかけ」。結論は段落❿⓫、性格は「おわりのまとめ」「問いの答え」「筆者の考え・読者へのメッセージ」の三つを合わせもつ。

日本の子どもたちと、世界の子どもたち

丘　椎三

❶ 今、この世界には二百近くの国があります。わたしたちのすんでいる日本という国も、その一つです。

❷ 日本に住む子どもたちは、幸せです。毎日、ごはんを食べることができます。学校へ通っていろいろな勉強をすることができます。病気になれば、病院で治してもらえます。

❸ では、ほかの国に生まれた子どもたちも、日本の子どもたちと同じように幸せなのでしょうか。

❹ まず、毎日の食事でさえ、きちんととれない子どもたちが、世界にはたくさんいます。きらいな食べ物は平気で残して、どんどんすてている日本の子どもたちには、想像もできないでしょう。どんなにおなかがすいても、食べるものがないのです。

❺ その結果、生きていくための栄養が不足して、体力がなくなり、ちょっとした病気にかかって死んでしまうのです。

❻ また、学校へ通えない子どもたちもたくさんいます。日本の子どもたちのように、習い事にいくなんて、とんでもありません。いくら勉強したくても、字が読めるようになりたくても、計算ができるようになりたくても、学校へ行けないのです。

❼ その大きな理由は、まずしいことです。親の仕事を手伝ったり、小さな弟や妹の世話をし

たりして、毎日働かなければならないのです。そうしなければ、家族みんなが生きていけません。また、教科書がなく、鉛筆やノートさえも買えない子どももたくさんいます。

❽ さらには、病気で命をなくす子どもたちが、世界にはたくさんいます。日本の子どもたちは、ちょっと熱がいつもより高いと、親がすぐに病院に連れて行ってくれます。いろいろな薬もあります。病気を予防する注射もうってもらえます。

❾ けれども、病気になっても、お医者さんがいなく、薬がなく、しかたなく死んでいく子どもたちがいるのです。一、二、三秒。このわずか三秒の間に幼い子どもが一人、そのために世界のどこかで死んでいます。

❿ このように、世界には、今、このときにも、栄養不足で苦しんだり、病気になって命をなくしたりして、つらい生活をしている子どもたちがたくさんいます。だから、世界の子どもたちみんなが、幸せだとはけっして言えないのです。

⓫ 日本の子どもたちは、この国に生まれたことに感謝《かんしゃ》して、毎日楽しく生活しましょう。そして、今は子どもだから何もできませんが、いつか大人になったら、世界中の子どもたちが幸せにくらせるように力をかしてあげましょう。

文章を読むことは、その内容価値を見つけることで完結するのではない。
教師の求める「正解」とされる解釈を探ることでもない。
文章に対する自分の「意見・感想」をつくることこそ大切な学習となる。

続けて、本論の小部屋（意味段落）の構成を「名前」を考えながら検討した。
本論は❹〜❾。三つの小部屋が、二段落ずつで構成されている。
小部屋の名前を考える際には、次の三つのポイントを意識する。

①「きょうだい」の名前のように段落相互の関係を考えて。
②「大切な言葉」を落とさずに。
③「結論」の大部屋の内容を大切に。

大部屋	小部屋	段落	小部屋の名前
序論		❶❷❸	＊性格 ○話題の提示 ○問いの投げかけ
本論	1	❹❺	＊食事をとれない世界の子どもたち
	2	❻❼	＊学校へ通えない世界の子どもたち
	3	❽❾	＊病気で命をなくす世界の子どもたち
結論		❿⓫	＊性格 ○おわりのまとめ ○問いの答え ○筆者の考え

ここまでの学習で、この説明文の要旨（文章の伝えたい事実の中心、筆者の伝えたい考えの中心）は、ほとんど把握できたといっていいだろう。

けれども、文章の要旨を正確に受け止めただけでは、説明文の読みは完結しないことを五年生の子どもたちに教える。新たな学習の段階である。

この文章の筆者・丘 惟三さんは、先生の古くからの知り合いです。『日本の子どもたちに向けた文章を書いたのですが、実際に子どもたちに読んでもらって感想を聞きたい』といって、

先生にこの文章を送ってきたんです。丘さんは、日本の子どもたちに伝えたくてたまらないことがあって、この説明文を書きました。そして、日本の子どもたちであるみんなに読んでもらい、感想・意見をもらいたいというのです。一生懸命に読み、考えて、丘さんのこのお願いにこたえてあげよう。

ＰＩＳＡ型読解力育成の風潮のもと、全国各地で「批評読み・批判読み」の実践が展開されている。書いてあることを正確に読み取ることに終始する読解学習を越えて、読みの主体を学習者である子どもに置く、説明文の学びの方向性を、わたしは深く肯定する。

けれども、説明文の読みでどうしても重視したいのは、筆者への「敬意」である。だから、読者である自分に伝えようとして精一杯の工夫をして書いた筆者の思いを否定するような「批評読み・批判読み」をわたしは認めない。


子どもたちに指導する。

説明文を読むとは、筆者が伝えたいことを読み取るだけではありません。

その筆者が伝えたいことが、どのように表現されているかを考えることが必要です。そして、その表現のしかた、論の展開のしかたについて、その良いところ、またはここをこうしたらいいな、という改善点を自分なりに考えてみることが大切です。

さらには、筆者の伝えたい考えや意見に対して、読者として自分の感想をもつこと。

それができたとき、はじめて「自分はその説明文を読んだ」といえます。いいですか？

けげんな顔の子どもたち。

今度は読むだけでなく、自分なりの感想をもってみようということです。いままで、きみたちは説明文の読み方を学んできましたね。だけど、厳密にいうと、いままでは本当には説明文を読んでいなかったんですね。読んだ説明文に対して、自分なりの感想をもつことができてはじめて説明文が読めたということです。感想をもつことは、説明文を書いてくれた筆者への礼儀でもあるのです。

いまだ、クラスの半数はけげんな顔だ。そこで、子どもたちには、まず、文章の論の展開のしかたについて検討する。最初に、その「良さ」を考える。

文章の論の展開を考えてみよう。まず、どんなところがいいだろう。

「はい。説明文の美しいしくみをもっているところ」

「日本と世界を比べながら説明しているのがわかりやすい」

そうだね。たしかに美しいしくみをもっているね。日本と世界を比較し説明していることで、とてもわかりやすい文章になっているよね。

わかりやすい文章になっているもうひとつの理由があるんだけど、わかるかな？　それぞれの段落のはじめに気をつけてみるとわかるよ。

「あ、わかった！　『では』『まず』『けれども』という接続詞！」

「『その結果』とか『その大きな理由は』『このように』とかも、わかりやすいよね」

文章の良さ

①美しいしくみの文章であること。

②接続詞がうまく使われていること。

③日本と世界を比較し説明していること。

これらの点を押さえたあとに、本論（説明の大部屋）の小部屋の並び方について考え、意見を述べ合った。

本論の小部屋をもう一度見直してみよう。本論（説明の大部屋）は❹〜❾段落、三つの小部屋が二段落ずつで構成されていたね。

小部屋の1は❹❺段落、食事をとれない世界の子どもたち

小部屋の2は❻❼段落、学校へ通えない世界の子どもたち

小部屋の3は❽❾段落、病気で命をなくす世界の子どもたち

小部屋は、この順番に並んでいました。「食事」「学校」「病気」の順の並び方について、なにか意見のある人？

いちばん後ろの席のK太がすっと手を挙げた。

「『食事』をいちばんはじめにもってくるんじゃなくて、『学校』が最初がいいと思う」

なるほど。どうして、学校が先がいいの？　K太はどうして「食事」じゃなくて「学校」が先がいいって考えたんだろう。その気持ちがわかる人。

そろりそろりと四、五人の手が挙がる。その中で、いちばん最後に挙げたT実を指名する。

「対象の読者に身近なものだから？」

筆者が伝えたいことが、どのように表現されているかを考える。

さらには、筆者の伝えたい考えや意見に対して、自分の感想をもつこと。

それができたとき、はじめて「自分で説明文を読んだ」といえる。

対象の読者に身近なものだから、ってT実は言ったよ。T実はどんなところからそう考えたんだろう。

「『いろいろなふね』のときには、読者のよく知っているものから小部屋を並べていたでしょ。この文章の読者は、ぼくたち小学生でしょ。そうしたら、ぼくたち日本の小学生にいちばん近いものは『学校』でしょ。だから、T実ちゃんは読者に身近なものって言ったんだと思うよ」

R紀の補足に、満足そうにうなずくT実。

そうか、読者の身近なものから並べると、「学校」「食事」「病気」の順になるのかな？

そのほうが読み手にスッと受け入れやすいかもしれないね。

ここで、いちばん前の席のA里の手が挙がる。

「わたしも『学校』から『食事』、『病気』の順に並べた方がいいな、と思っていたんだけど、それはわたしたちに身近だから、っていう理由じゃなくて、『食事』と『病気』は両方とも命に関わることでしょ。だから『食事』『病気』は続けた方がいいなと思うの」

なるほど。A里の言っていることがわかるかな？

M登「❺で『その結果、生きていくための栄養が不足して、体力がなくなり、ちょっとした病気にかかって死んでしまうのです。』って書いてあるでしょう？

これは、食事をとれないことが原因で病気になるんだし、その病気を治せなくて死んでしまうということだから、『食事』と『病気』は続けた方がいいと思う。」

M登の発言に教室から「おー」という声がもれる。

なるほど。食事をとれないことが原因で病気になり、その病気を治せず死にいたるという論の流れだね。

ここで子どもたちに念を押す。筆者は、読者である「あなた」にわかってほしい、という願いを込めて説明文を書いている。その思いに敬意を払いなさい。その上で「こうしたら、もっとよくわたしに伝わるよ」という意見を筆者に返してあげるつもりで、「論の展開のしかた」の改善点を考えなさい、と。だれかの文章の欠点を喜々として探す「嫌な読者」を育てようとわたしは思わない。

「話す」活動の充実が「読解力」を高める

国語授業では、ともに読み合う「仲間」がいる。この「仲間」の存在が、個々の「読解力」を高める。

ある一編の説明文に出合う。その文章の段落構成を把握し、要旨を読み取り、筆者の意見をまとめる、この一連の読みの過程で、仲間の存在はとても重要である。自分とは異なる仲間の意見を聞き、自分の読みを仲間に伝えることにより、自分の読みの妥当性を確かめたり、修正したりする。こうした、「読み」の交流によって、文章を精読するという学習が成立するのである。

また、文章に対する「批判・感想」の多様性も、仲間の意見を聞くことによって学ぶだろう。それはまた、「読解力」の「文章に対する感想・批評を形成する力」をはぐくむことにつながる。

だからこそ、あらゆる国語授業で、子どもたちがそれぞれの読みを互いに交流し合う活動の場を重視する必要がある。一部の限られた子どもたちによる話し合いではなく、クラス全員の子どもたちに、自分の意見を話し伝え合う場を保証しなければならないと思う。

「話すこと」によって、「読解力」は高まるのである。

論の展開をくわしく吟味する

もう一点、この文章の論の展開のしかたにおいて、検討すべき重要な一文があるんだけれど、何か気になる一文はないかな？　ヒントは❼段落。どうだろう？　お隣とペアで確認し合って。はい、どうぞ！

「❼段落だって」

「もう一回、❼段落を読んでみようよ」

「文の頭の『その大きな理由』の『その』っていうのは、前の段落の『学校へ行けないのです。』を指すから、学校へ行けない理由になるでしょ？」

「それって変じゃない？」

「なんで？」

「『その大きな理由は、まずしいことです。』の『その』は、学校へ行けない大きな理由だけじゃなくて、病気になるのも、食事が満足にとれないのも、まずしいからなんじゃないの？」

お、E利がいいことを言ってるぞ。聞いてみよう。

「あの、❼段落目の最初に『その大きな理由は、まずしいことです。』っていう文章があるでしょ。『その』っていうのは前の段落を指しているから、『その大きな理由は、まずしいことです。』っていうのは『学校へ行けない大きな理由は、まずしいことです。』になるけど、まずしいから学校に行けないだけじゃなくて、まずしいから食事が満足にとれないし、病気にもなるんだと思うの」

なるほど。**また教室から「おー」の声がもれる。**たしかに「まずしさ」というのは「学校」だけにかかわる理由ではなくて、「食事」と「病気」においても、大きな理由になるね。では、どうしたらいいんだろう。

「だから、❼段落目の最初にある『その大きな理由は、まずしいことです。』っていう文章は、ここじゃなくて、三つの小部屋全体にかかるようにしたほうがいいんじゃない？」

なるほど。ほかに、筆者の丘さんに「こうしたらわたしたちにもっと伝わるよ」と教えてあげたいことはないかな？　丘さんはきみたちに読んでもらいたくて、わかってもらいたくてこの文章を書きました。この文章の良さを十分に理解したうえで、丘さんの思いをきちんと受け止め、君たちなりの感想や改善点を教えてあげよう。

筆者・丘さんのメッセージを受け、日本の子どものひとりとして意見をもち、返事を書く活動を組んだ。

子どもたちがこだわったのは、「幸せ」という言葉と、「子どもだから何もできない」という丘さんの考え方についてである。丘さんへの返事を紹介しよう。

国語授業では、ともに読み合う「仲間」がいる。
仲間の意見を聞き、自分の読みを伝え合うことで文章を精読する。
この「仲間」の存在が、個々の読解力を高めていくのだ。

最後の⑪段落に「日本の子どもたちは幸せです。この国に生まれたことに感謝して…」というメッセージがあります。

わたしも賛成です。いまの日本の子どもたちは「生きていける」という面ではとても幸せです。だから、この国に生んでくれた両親に感謝します。

けれど本当に日本の子どもたちは幸せなのでしょうか。友だち関係での悩み、だれから来たのかわからない悪口のメール。一年間に自殺者は約三万人。こんな世の中に生きていて、本当に日本の子どもたち全員が幸せだといえるのでしょうか。

確かに、日本にはわたしのように幸せを感じる子どもたちはたくさんいます。世界の子どもたちは、それに比べて「幸せでない」といえるかもしれません。

しかし、まずしくても笑顔で精一杯生きようとする子どもたちがいるでしょう。自分の幸せは、自分で決めるものです。

子どものわたしがこんなことをいうのは生意気ですが、「幸せ」の言葉の意味を考えてつかったほうがいいと思いました。

もうひとつ気になったのが「いまは子どもだから何もできませんが…」という一文です。子どもでも募金ができるし、わたしたちのようにユニセフ活動をすることができます。だから、せめて「子どもでもできることを考え、努力してみましょう」というようにしたらどうでしょう。

お気づきの方もいるかもしれない。「丘椎三」は「おかしいぞう」と読む。わたしのペンネーム。子どもたちに説明文を読むことの意義を教えるために文章を書いた。彼らには、まだ、ばれていない。

五時間目のまとめ

◆説明文の学習によって、自らが人に伝えたい事実、主張、認識を効果的に表現する「自己表現力」を獲得させたい。

◆説明文の読みでは、筆者への「敬意」を重視したい。精一杯の工夫をして書いた筆者の思いを否定するような「批評読み・批判読み」を、わたしは認めない。

◆国語授業では、ともに読み合う「仲間」がいる。この「仲間」の存在が、個々の「読解力」を高める。

◆仲間と「話すこと」によって、「読解力」は高まるのである。

◆一部の限られた子どもたちによる話し合いではなく、学級全員の子どもたちに、自分の意見を話し伝え合う場を保証しなければならない。

学習材を選ぶコツ

Q「世界の子どもたちと、日本の子どもたち」を学習材にして、二瓶先生のクラスの子どもたちが、ものすごく理路整然とした意見をもって、筆者に敬意を払いつつ、きちんと自分の意見を書くことができていることに感心しました。普通のクラスではたとえ六年生でも、ああいう立派な感想は出てこないと思うのですが…。

　子どもたちの意見を引き出すためには学習材の選択がとても難しいです。何かヒントをいただけませんか？

A説明文の最終段階で子どもたちに自分の意見を述べる、書くという活動をさせるのであれば、クラスの実態に応じた説明文を、受けもちの先生が書けばいいんです。わたしは旧知の丘さんという人物が書いたと言って、クラスの子どもたちに配りました。
　このクラス集団は、四年からのもち上がりです。四年の四月からクラス独自の取り組みとして「完食─給食残飯ゼロ」を継続してきました。クラス全員で協力して残飯をつくらないという試みは六年の四月現在で三〇八回を記録（二〇一〇年四月二十一日現在。その後も更新中）。「きらいな食べ物はどんどん残して捨ててしまう」という一文に、彼らが反応を示さないはずがありません。
　また、総合活動の時間を通じた試みとして、彼らは「語り公演」の会を開くことで、ユニセフ活動を行っています。精一杯の詩の語りを聞いてもらい、その際「入場料」として、一枚の葉書と一枚の切手、それも新品のものではなく、家庭で余っているものや使用済みのものに限って集めているのです。それは、わずかな現金にしかなりません。けれども、その自分

の力でつくったそのわずかなお金で、人を救えるということを実感しているからこそ、「いまは子どもだから何もできませんが」という一文に敏感になるはずです。

彼らが意見をもちやすいであろう、と想定して文章をつくってみたのです。

文学的文章を書くことはできなくても、説明文なら書けるはずです。それぞれの地域、クラスの実態に応じた説明文を先生が書けばいいと思います。

子どもたちが意見をもちやすすそうな内容で、ぜひ書いてみてください。そして、学級全体の子どもたちに、自分の意見を話し伝える場を保証してほしいと思います。

六時間目
説明文を書く
単元「海の生き物博士」

海の生き物博士になろう

説明文一日講座の最後は、「説明文を書く」。

説明文を書くというと、ハードルが高く感じられるかもしれない。そこで、わたしが二年生の総合の時間に行った活動を紹介する。

六月上旬の総合の時間、二年生四十名は池袋にあるサンシャイン水族館に出かけた。ここには、多種多様の「海の生き物」が飼育展示されている。

子どもたちは、思い思いに生き物を見学して館内を回る。一通りの散策がおわったところで水族館の中庭にみんなを集める。

実は今日の見学には大きな理由があります。いつか、また、この水族館に来ます。そのときには、みんなは『海の生き物博士』になり、自分の大好きな生き物の説明をお客さんに話してあげます。

「エー？」

どう？　できそう？

「やります！」

「ハイ！」

一瞬のためらいのあと。四十人はそろって目をキラリと輝かす。

いいかい？　これから博士になるためには、たくさんの「修行」が必要です。修行は今日からスタートします。そして、いつかみんなで立派な博士になり、もう一度この水族館にやって来ます。いいね！

「ハイ！」

四十人の大きな声が響き渡った。

よーし。ではさっそく修行開始。もう一度水族館内に戻って、自分の好きな生き物を決めよう。自分で「この生き物にしよう」と心に決めてきてください。はい、ゴー。

「お魚のコーナーに行こう！」

「わたしはラッコにしたいなぁ」

彼らは、このあと迷いながら、自分の大好きな生き物を決めた。そしてその水槽の前に立ち、解説パネルの内容を必死に書き写したり、生き物の絵をスケッチしたりした。

こうして、遠いいつかの「夢」に向け、彼ら二年生の長い活動がはじまった。

説明文の構造を知ろう

博士になるため、まず彼らは情報収集をする。自分の選択した「海の生き物」について書かれている資料をさまざまな場所で集めた。学校図書館、地域の図書館、そしてインターネット。親の協力もお願いしたので、すぐに大量の情報が集まった。

多くの資料コピーを手にした子どもたちは喜々としている。ところが、その情報のほとんどがつかえない。漢字が読めない。言葉の意味がわからない。それでも、なんとか内容がわかる情報もある。しかし、断片的で活用ができない。

彼ら二年生の戸惑いは、学力テストの「活用の問題」を前に、何も書かない、書けないでいる六年生の姿にだぶる。

予想された状態に陥った二年生たちに、ここでわたしは「いろいろなふね」を提示した。

この説明文『いろいろなふね』は、「船の博士」が書いた文章です。船を大好きな人が、船のことをみんなにわかってもらいたいという思いを込めて、わかりやすく説明した文章です。だから、この『いろいろなふね』のような説明文を書き、それを台本にして覚えて話せば、立派な「海の生き物博士」になれます。

まずは音読からはじめるよ。読みたい人、いる?

「ハイ!」

やる気にあふれた四十人の手が勢いよくドッと挙がった。

学習材『いろいろなふね』をつかい、「はじめ・説明・まとめ」(序論・本論・結論)という、説明文の基本構成を学んだあと、説明の小部屋の学習を行う。さらにわかりやすい博士の台本にするために、それぞれの部屋の前に「順番」を表す簡単な言葉「まず・最初に・次に・

二番目に・三番目に・最後に」などの言葉を書き加えることを指導した。

わたしの説明文「海の生き物博士」の記述

説明文『いろいろなふね』を学習材に子どもたちは調べたことをまとめる方法を獲得した。そして、これまでに収集した自分の大好きな海の生き物にかかわる情報を整理していく。

伝えたいひとつの情報をひとつの「部屋」（意味段落）にまとめる。それらを「三つの大きな部屋」（はじめ・説明・まとめ）の構成に即して文章化する。

二年生には、実に高度な学習である。けれども彼らは、懸命に構成を考え、説明的文章を書き続けた。

もちろん、四十人いれば、そこには能力の差が歴然とあり、書いた文章内容には、質的な差がある。しかし、重要なことは四十人全員が「自分の伝えたいことを説明的文章の形式で文章化できる」という事実である。この学習がこれからの学習につながることは確かだ。

彼らの文章の中から、二編を紹介しておこう。

ラッコの生活

みなさんは海にすむラッコという生き物を知っていますか。それでは、わたしがラッコの生活について紹介します。

はじめに、ラッコの泳ぎ方や動き方について説明します。泳ぎ方ですが、めったにすいすい泳ぐことはありません。多くのときは上を向いて泳いでいます。台に上がるときは一回水にもぐってから台に上がります。

次にラッコが食べるえさについて説明します。海にすむラッコはウニ、アワビ、ハマグリ、ホタテなどの貝を食べているようです。泳ぎがあまり上手ではないので、動きの速いものを捕まえるのは、あまり得意ではありません。水族館にすむラッコは魚やイカなどを食べているようです。貝を食べるときは上を向き、胸に貝と石をのせ、すごい力で打ちつけます。そして、割った貝を食べます。

最後にラッコの体や色について紹介します。小さな前足と大きな後ろ足があります。泳ぐときは、この大きな後足と尻尾を使います。ヒゲは3、4本ずつあり、海の中でえさを探すのに役立ちます。目は丸くてとてもかわいい顔をしています。体の色は黒ですが、年をとるとだんだん白っぽくなるようです。寒い海にすむラッコの体には、毛がびっしり生えていて、寒さから身を守っています。

このようにラッコの特徴を考えてみたら、もっといろいろな発見があると思います。

ケープペンギンのくらし

みなさんはケープペンギンを見たことがありますか。遠い南アフリカという国にすんでいるケープペンギンのくらしをのぞいてみましょう。

まず、たまごについて説明します。メスは、ふだんは一回に一こ、多いときには二このたまごをうみます。そして、親鳥はおなかの下でたまごをあたためつづけます。

つぎに赤ちゃんについて説明します。赤ちゃんは耳の所が黒く、いつもは岩かげにいるのでそんなに見ることはできません。岩かげはくらいのでみをかくすのに役立つからです。

三つ目に親鳥のことを説明します。親鳥になると耳の所が白くなり、よく目立つようになります。そして仲間を集めてむれをつくりひなを守ります。

四つ目に泳ぎ方を説明します。泳ぐときは、じそく四キロでとぶように羽を動かします。とてもはやいので、てきからにげるのにも役立ちます。

さいごに食べ物を説明します。食べ物はほかのペンギンと同じようにいわしや、あじや、小さな魚などです。

このようにケープペンギンはいつも力を合わせて生活しています。ひなも親鳥もみんな仲よしです。


七月、彼らは再び池袋のサンシャイン水族館に向かった。そして、自分の書いた説明文をはじめて会うお客さんたちに語り聞かせた。

その日、彼ら四十人は立派な「海の生き物博士」になった。

説明文を書く

いうまでもなく「書く」力の育成は、国語教育が担う大きな役割である。年間を通して、国語授業で多くの時間を使い、「書く」学習活動が日常的に展開されている。作文単元のみならず、毎日の文学作品や説明文の授業でも、必ず「書く」学習が設定されている。

では、そのような国語教育によって、子どもたちは「書く」力を獲得しているのだろうか。「文章を書くことが嫌い」「何を書いていいのかわからない」「作文があるから国語はいやだ」…、相変わらずそんな言葉を口にする子どもがどこの教室にも存在する。

PISA読解力調査によって、顕著な問題点として明らかになったのは、実は、「自分の意見を文章で述べること」、つまり、「書くこと」といえるだろう。説明文の読解が基盤に置かれた設問であっても、正確に客観的に読みとる力の問題でおわらず、ここでも「自分の考えを自分の言葉で」記述することを求めている。

おそらく、鉛筆をもったまま「活用の問題」を前にして、何も書けないでいる六年生たちがいたことだろう。「正解」を選択すること、見つけることがテストだとずっと思ってきた子どもたちにとって、自分の考えを自分の言葉で表現することはどんなに抵抗の大きいものであったことか。

提示された文章に対する自分の意見を述べることができない。論述問題においては、まったく何も書かない、書けない「無記述」の回答の割合がいかに高かったか。「無答率」すなわち、なにも書けない子、書くことを拒否する子の多さが問われている。「書くこと」の学習指導の見直し。それが現状の子どもたちの「読解力低下」を考える際の大きな論点となっている。

「書く」ことは国語科に限ったことではない。自分の漠然とした思い・考え・意見を、書くことによって明確にしていき、書くことによって確かなものとして定着させることができる。

説明的文章を勉強したら、「自分の伝えたいことを説明的文章の形式で文章化する」といった取り組みを積極的に取り入れていきたい。

「書く」力は、すべての学びを支える「基幹学力」なのである。

六時間目のまとめ

◆「書く」力の育成は、国語教育が担う大きな役割である。

◆重要なことは四十人全員が「自分の伝えたいことを説明的文章の形式で文章化できる」という事実である。

◆自分の漠然とした思い・考え・意見を書くことによって明確にしていき、書くことによって確かなものとして定着させることができる。

◆「書く」力は、すべての学びを支える「基幹学力」である。

休み時間

教えて！にへいちゃん！

国語の授業に意欲的に参加させるコツ

Q 中学校の国語を教えているのですが、説明文の読解ができていません。それ以前に授業にならないというか、クラスの半分は国語の時間は机に顔を伏せているような状態で…。子どもたちが学ぶ意欲を感じられるような説明文の指導をするには、どうすればいいでしょうか？

A 中学校でもはじめに『いろいろなふね』を取り上げればいい。まず説明文の美しいしくみを理解させるところからはじめたらどうでしょうか？

はじめから中学校の教科書に載っているような説明文に取り組ませたのでは、ますます理解不能になります。

まずは基本に立ち返って、説明文の美しいしくみを理解させること。説明文の基本がわかれば、すっきりと見えてくるはずです。ほんとうに目からうろこが落ちるように、わかる。わかれば楽しい。楽しければまた学ぼうという気持ちも出てくるはずです。学ぶ意欲がないのは、中学校だけの問題じゃない。われわれ小学校で教える教師が、学ぶ楽しさを味わわせなかったことも原因だと思います。

国語の授業は、クラスの何人かが発表すれば、表面的にはきれいに成立します。けれども、クラスの半数、いや三分の二が一言も言葉を発しないままおわっている国語授業がどんなに多いことか。それをわれわれが反省しなければいけない。

自分はこう読んだ。友だちはどう読んだんだろう。へー、こんなふうに考えたのか、なるほど、そういう考えもあったのか…。国語授業では、クラスの仲間の存在が、個々の読解力、理解力を高めていきます。「自分の意見をいつもきちんと聞いてくれる」という信頼感、「何を言ってもクラスのみんなは認めてくれる」という空気がクラスに流れていれば、子どもたちは授業に乗ってきます。

この子も、この子も、この子も、この子も、みんながそこにいてよかったと思えるクラス。仲間がどのように作品を読み取ったのかを受け止める喜び、また自分らしい読みを仲間に伝える楽しさ、「伝えあう力」を育てていきたいですね。

われわれ教師は、「あの子にも発言させたい」、「この子にも手を挙げさせたい」、「わかる喜び、伝えあう楽しさを実感させたい」…そう願って、小学校六年間最後の最後まで教え続けるしかないんでしょうね。

おわりの会
明日の授業を求める教師たちへ

春四月、わたしの教室にやってきた子どもたちに、次のような文章を読んであげました。小学校教師、国語教師として生きる、わたしの「夢」です。

「夢」のクラス

そのクラスでは、誰もが読みたくてたまらない。一編の文章や作品に描かれた言葉を丁寧に検討し、言葉の意味、文章の要旨、作品の主題を自分らしく読み取り、自分の考えや読みの世界を確かにもつことに懸命になる。

そのクラスでは、誰もが書きたくてたまらない。自分という存在を言葉で書き表すことの喜びがわかり、書くことで自分らしさを確認でき、仲間に伝えられることを知っている。だから、必死に言葉を選び、構成を考え、表現を工夫する。

そのクラスでは、誰もが話したくてたまらない。ある話題について、自分の思いを言葉で表現しようと、誰もが適切な言葉を探すことに必死になる。思いを託せる言葉をもてたら、仲間に伝えようと懸命に挙手する。

そのクラスでは、誰もが仲間の考えを受け取りたくてたまらない。ある話題について仲間はどう考えるのか、自分の抱く思いと同じなのか違うのか、知りたくて仕方がない。だから仲間の発する言葉に必死に耳を傾ける。

そのクラスでは、言葉を媒介にして、思いを伝えあうことの重さを誰もが知っている。言葉は、「自分らしさ」を仲間に伝え、仲間の「その人らしさ」を受け取る重要な手段であることを、学級集団全員が「価値」として共有している。

そのクラスでは、言葉が、静かに生き生きと躍動している。

教室にいるすべての子どもたちに、説明文の確かな読みの力を獲得させたい。本書では、そんな思いで日々の授業を懸命につくろうとしている先生に、可能な限り具体的に説明文の読みの学習指導過程を紹介しようと試みました。

国語授業はそれでもやはり難しい。わたし自身の試行錯誤は続きます。

けれども、子どもたちに「言葉の力」をはぐくむことがわたしたちの「仕事」。

今日よりも少しでも価値ある授業を求めて、わたしたち教師自身が学び続けるしかないのでしょう。そして、遠いいつか、「夢のクラス」を実現するために。

二〇一〇年六月

二瓶弘行

この本のもとになった二瓶弘行先生の「説明文一日講座」に参加してくださった先生方

相澤　勇弥	新潟県・長岡市立川崎小学校
井上　幸信	新潟県・新潟大学教育学部附属新潟小学校
岩崎　直哉	新潟県・五泉市立五泉南小学校
菊池　英慈	茨城県・常陸太田市立誉田小学校
近野　典男	福島県・福島大学附属小学校
佐藤　修太郎	山形県・鶴岡市立朝暘第五小学校
真田　節子	新潟県・新潟市立総合教育センター
高橋　啓介	岩手県・北上市立南小学校
武田　菜々穂	東京都・星美学園小学校
出口　尚子	東京都・雙葉小学校
灘本　裕子	大阪府・豊中市立上野小学校
藤井　大助	香川県・香川大学教育学部附属高松小学校
真家　裕美	茨城県・つくば市立吾妻小学校
増田　篤彦	奈良県・奈良学園小学校
増田　奈未	奈良県・近畿大学附属小学校
矢内　丈博	福島県・いわき市立泉北小学校
山本　真司	愛知県・愛知教育大学附属名古屋小学校

（敬称略・五十音順・勤務先は出席当時のもの）

ご協力ありがとうございました。

二瓶弘行先生の説明文一日講座（平成22年3月28日）

二瓶先生編集の「五〇の説明文集」

説明文001	とりのくちばし	「新しい国語」編集委員会	東京書籍	平成8年度1年上
説明文002	ペンギンの子そだて	青柳昌宏	東京書籍	平成8年度2年下
説明文003	漢字のはたらき ①	「新しい国語」編集委員会	東京書籍	平成8年度3年上
説明文004	魚の色ともよう	太田一男	東京書籍	平成4年度3年上
説明文005	自然のかくし絵	矢島　稔	東京書籍	平成17年度3年上
説明文006	漢字のはたらき ②	林　四郎	東京書籍	平成4年度3年上
説明文007	漢字のはたらき ③	林　四郎	東京書籍	平成4年度3年上
説明文008	道具を使う動物たち	沢近十九一	東京書籍	平成8年度3年上
説明文009	草花のそだちかた ①ヒヤシンス	「新しい国語」編集委員会	東京書籍	昭和61年度2年上
説明文010	草花のそだちかた ②たんぽぽ	平山和子	東京書籍	昭和61年度2年上
説明文011	広いいみとせまいいみ	鈴木敬司	東京書籍	昭和61年度2年下
説明文012	いろいろな文字	「新しい国語」編集委員会	東京書籍	昭和58年度2年上
説明文013	ことばのゆきちがい	金田一春彦	東京書籍	平成元年度3年上
説明文014	くとう点	「新しい国語」編集委員会	東京書籍	昭和58年度3年上
説明文015	ミツバチの「見えない時計」	「新しい国語」編集委員会	東京書籍	昭和58年度3年上
説明文016	子どもたちの祭り ①	芳賀日出男	東京書籍	平成元年度3年下
説明文017	子どもたちの祭り ②（流しびなの里）	「新しい国語」編集委員会	東京書籍	平成元年度3年下
説明文018	いろいろなふね	「新しい国語」編集委員会	東京書籍	平成17年度1年下
説明文019	草花のひみつ ①ヒマワリ	瀧本　敦	東京書籍	平成4年度4年上
説明文020	草花のひみつ ②草花遊び	熊谷清司	東京書籍	平成4年度4年上
説明文021	草花のひみつ ③チューリップの花	瀧本　敦	東京書籍	昭和61年度4年上
説明文022	ものの名前	倉持保男	東京書籍	平成8年度4年上
説明文023	ゆたかな表現をさぐる・「たとえ」	鈴木敬司	東京書籍	平成元年度4年上
説明文024	雪のあるくらし	原田　津	東京書籍	平成8年度4年下

説明文０２５	方言の話	倉持保男	東京書籍	昭和58年度4年上
説明文０２６	発ぽうスチロールで地ばんを造る	「新しい国語」編集委員会	東京書籍	平成8年度4年下
説明文０２７	色さいと暮らし	「新しい国語」編集委員会	東京書籍	平成8年度5年上
説明文０２８	暮らしの中のまるい形	坂口　康	東京書籍	平成8年度5年上
説明文０２９	森林のおくりもの	富山和子	東京書籍	平成8年度5年下
説明文０３０	動物の体	増井光子	東京書籍	平成8年度5年下
説明文０３１	相手の気持ちを考えて ①	林　四郎	東京書籍	平成元年度5年上
説明文０３２	相手の気持ちを考えて ②	林　四郎	東京書籍	平成元年度5年上
説明文０３３	ことばと文字 ①敬語の使い方	大石初太郎	東京書籍	昭和58年度5年上
説明文０３４	ことばと文字 ②かなの由来	倉持保男	東京書籍	昭和58年度5年上
説明文０３５	海と生物	奥谷喬司	東京書籍	平成4年度6年上
説明文０３６	人間がさばくを作った	小原秀雄	東京書籍	平成4年度6年上
説明文０３７	ことばと文化	鈴木孝夫	東京書籍	平成8年度6年上
説明文０３８	人間とロボット	雀部　晶	東京書籍	平成8年度6年下
説明文０３９	正倉院とシルクロード	長沢和俊	東京書籍	平成元年度6年下
説明文０４０	ビーバーの大工事	中川志郎	東京書籍	平成12年度2年下
説明文０４１	もうどう犬の訓練	吉原順平	東京書籍	平成12年度3年下
説明文０４２	ヤドカリとイソギンチャク	武田正倫	東京書籍	平成12年度4年上
説明文０４３	ウミガメのはまを守る	清水達也	東京書籍	平成12年度4年下
説明文０４４	インスタント食品とわたしたちの生活	大塚　滋	東京書籍	平成12年度5年下
説明文０４５	くらしの中の和と洋	「新しい国語」編集委員会	東京書籍	平成12年度4年下
説明文０４６	イースター島にはなぜ森林がないのか	鷲谷いづみ	東京書籍	平成17年度6年上
説明文０４７	ことばの働き	倉持保男	東京書籍	平成元年度6年上
説明文０４８	大自然のつり合い（生物の大発生）	小原秀雄	東京書籍	昭和58年度6年下
説明文０４９	マンモス絶滅のなぞ	後藤和文	東京書籍	平成17年度6年上
説明文０５０	百年前の未来予測	横田順彌	東京書籍	平成17年度6年下

著者紹介

二瓶 弘行（にへい・ひろゆき）

1957年新潟県生まれ。早稲田大学第一文学部卒業。新潟県内の公立小学校に勤務。その後、上越教育大学大学院の修士課程を修了。1994年から筑波大学附属小学校教諭、現在に至る。立教大学兼任講師、全国国語授業研究会理事、国語教室ネットワーク「ひろがれ国語」代表。

『"夢"の国語教室創造記』『いまを生きるあなたへ贈る詩50』『いまを生きるあなたへ 続贈る詩50』『二瓶弘行の国語授業のつくり方』『二瓶弘行の物語授業 教材研究の条件』『贈る詩 あなたへの言の葉』（東洋館出版社）、『二瓶弘行の物語授業づくり一日講座』『二瓶弘行と国語"夢"塾の対話授業づくり一日講座』『二瓶弘行の物語授業づくり入門編』（文溪堂）など著書多数。

＊

写真／佐藤正三（スタジオオレンジ）

マンガ・イラスト／株式会社バージョン

装丁・デザイン／川尻まなみ（株式会社ラムズ）

DTP／三浦明子（株式会社ラムズ）

編集協力／池田直子（株式会社装文社）

二瓶弘行の「説明文一日講座」

2010年8月　第1刷発行
2016年10月　第9刷発行

著　者	二瓶弘行
発行者	水谷泰三
発行所	株式会社**文溪堂**
	東京本社／東京都文京区大塚3-16-12　〒112-8635　TEL（03）5976-1311（代）
	岐阜本社／岐阜県羽島市江吉良町江中7-1　〒501-6297　TEL（058）398-1111（代）
	大阪支社／大阪府東大阪市今米2-7-24　〒578-0903　TEL（072）966-2111（代）
	ぶんけいホームページ　http://www.bunkei.co.jp/
印刷・製本	サンメッセ株式会社

ISBN978-4-89423-702-5　NDC375　128P　235mm × 182mm